AJUDE A SI PRÓPRIO
COM EXEMPLOS DA VIDA

Editora Appris Ltda.
1.ª Edição - Copyright© 2020 dos autores
Direitos de Edição Reservados à Editora Appris Ltda.

Nenhuma parte desta obra poderá ser utilizada indevidamente, sem estar de acordo com a Lei nº
9.610/98. Se incorreções forem encontradas, serão de exclusiva responsabilidade de seus organizadores. Foi realizado o Depósito Legal na Fundação Biblioteca Nacional, de acordo com as Leis nᵒˢ
10.994, de 14/12/2004, e 12.192, de 14/01/2010.

Catalogação na Fonte
Elaborado por: Josefina A. S. Guedes
Bibliotecária CRB 9/870

B954a 2020	Burgarelli, Aclibes Ajude a si próprio com exemplos da vida / Aclibes Burgarelli. - 1. ed. – Curitiba : Appris, 2020. 123 p. ; 23 cm. – (Literatura). Inclui bibliografias ISBN 978-65-5523-744-3 1. Ficção brasileira. I. Título. II. Série.
	CDD – 869.3

Livro de acordo com a normalização técnica da ABNT

Appris
editora

Editora e Livraria Appris Ltda.
Av. Manoel Ribas, 2265 – Mercês
Curitiba/PR – CEP: 80810-002
Tel. (41) 3156 - 4731
www.editoraappris.com.br

Printed in Brazil
Impresso no Brasil

Aclibes Burgarelli

AJUDE A SI PRÓPRIO COM EXEMPLOS DA VIDA

FICHA TÉCNICA

EDITORIAL
Augusto V. de A. Coelho
Marli Caetano
Sara C. de Andrade Coelho

COMITÊ EDITORIAL
Andréa Barbosa Gouveia (UFPR)
Jacques de Lima Ferreira (UP)
Marilda Aparecida Behrens (PUCPR)
Ana El Achkar (UNIVERSO/RJ)
Conrado Moreira Mendes (PUC-MG)
Eliete Correia dos Santos (UEPB)
Fabiano Santos (UERJ/IESP)
Francinete Fernandes de Sousa (UEPB)
Francisco Carlos Duarte (PUCPR)
Francisco de Assis (Fiam-Faam, SP, Brasil)
Juliana Reichert Assunção Tonelli (UEL)
Maria Aparecida Barbosa (USP)
Maria Helena Zamora (PUC-Rio)
Maria Margarida de Andrade (Umack)
Roque Ismael da Costa Güllich (UFFS)
Toni Reis (UFPR)
Valdomiro de Oliveira (UFPR)
Valério Brusamolin (IFPR)

ASSESSORIA EDITORIAL
Lucas Casarini

REVISÃO
Andrea Bassoto Gatto

PRODUÇÃO EDITORIAL
Juliane Scoton

DIAGRAMAÇÃO
Danielle Paulino

CAPA
Sheila Alves

COMUNICAÇÃO
Carlos Eduardo Pereira
Débora Nazário
Kananda Ferreira
Karla Pipolo Olegário

LIVRARIAS E EVENTOS
Estevão Misael

GERÊNCIA DE FINANÇAS
Selma Maria Fernandes do Valle

COORDENADORA COMERCIAL
Silvana Vicente

AGRADECIMENTOS

Agradeço a Deus pela oportunidade de me fazer perceber que certos acontecimentos mereciam maneiras diferentes de avaliação, as quais se perderam por causa da ação silenciosa da matéria sobre o espírito.

Agradeço a Deus por insistir na demonstração da prevalência do espírito sobre a matéria e, para tanto, legar preciosidades, como minha esposa e meus filhos, e meus netos queridos, Dani, Bruno e Pietrinha, iluminada, e aquele que preencherá o pouco, porém feliz, tempo restante da pessoa humana, o Eduzinho.

Beijos a todos.

Aclibes.
São Paulo, dezembro de 2014.
(profburga@terra.com.br)

Ao Duduzinho – Querido neto que veio mostrar a continuidade da vida espiritual.
Deus o abençoe.

À Pietra – Que insiste em mostrar que, apesar das agruras da existência física, toda impossibilidade de viver plenamente é superada com um sorriso. Vosso sorriso é a Luz do meu caminho e jamais se apagará.

À Dani – Ainda em fas*e de afirmação existencial; mas chegará lá.*

Ao Bruno – Querido neto que se libertou da existência física aos 18 anos.

Saudade de seus beijos; poucos, mas sinceros.

PREFÁCIO

O jornalismo tem me proporcionado grandes momentos. Hoje, revendo alguns deles, agradeço à profissão ter-me concedido um punhado de pessoas sérias, cultas e, principalmente, aqueles com suas vistas voltadas para os problemas de sua Pátria e de seu povo, dos mais humildes e necessitados.

Permito-me afirmar que, ao nascerem, essas pessoas enriqueceram o patrimônio humano e quando dele se despedem o deixam bem mais pobres. Chico Xavier, Irmã Dulce, Heráclito Fontoura Sobral Pinto, Luiz Carlos Prestes, Barbosa Lima Sobrinho, Celso Furtado, Dom Avelar Brandão Vilela, Dom Elder Câmara, Dom Evaristo Arns, Oscar Niemeyer e mais alguns outros fazem parte desse restrito grupo; são titulares absolutos dessa seleção.

Incluí, a tempo, mais um nome, o do meu estimado amigo Aclibes Burgarelli, autor deste belo livro "Ajude a si próprio com exemplos da vida". Livro cuja leitura é de suma importância para se enfrentar o dia a dia, que deveria se construir sempre em satisfação e felicidade, se a paz se fizesse presente em todos os instantes da vida de cada habitante deste mundo tão mesquinho, tão pobre e tão desigual.

Com a autoridade conquistada através de uma existência de muito trabalho, muita determinação e muita fé em Deus, meu amigo Burgarelli batalhou; deu duro para chegar aonde chegou. Filho de pais humildes, muito cedo teve que dar duro todos os dias, no centro da cidade de São Paulo, engraxando sapatos e, também, usando a sua atividade diária de camelô, comprando mercadorias nos atacadistas da Rua 25 de Março para vendê-las no centro da Praça da Sé e, à tardinha, quando regressava para sua casa, no bairro do Ipiranga, entregava todo o dinheiro ganho para sua mãe.

Assim, soube fortificar à vontade, tirar as pedras, de uma a uma, do caminho; subir um a um os degraus, para conquistar o êxito tão esperado: receber seu diploma de advogado na tradicional faculdade do Largo de São Francisco; mais tarde, juiz concursado, desembargador e professor universitário; jurista, autor de diversas obras de Direito.

Estas são as referências que me obrigam a enaltecer a obra literária, de cunho espírita, que servirá de ajuda aos aflitos.

Geraldo Pereira – jornalista.

APRESENTAÇÃO

Não há como duvidar de um fato verdadeiro, qual seja, o ser humano é dotado de alma e corpo físico; sem alma, o corpo físico é cadáver. Vê-se, assim, que o corpo físico não tem vida própria, recebe-a por meio da alma espiritual, esta sim, é a responsável. Diante do que está posto, diz-se que o ser humano é animado pelo espírito (alma). A vida aplicada ao corpo físico é independente do mesmo corpo, visto que, este, envelhece e desaparece; contudo, enquanto for útil ao aprimoramento do espírito, esse organismo biológico experimenta sofrimentos, infelicidade e dissabores de ordem física e de ordem espiritual. Para os sofrimentos de ordem física, reserva-se à medicina a preocupação do fato, mas, para os desajustes emocionais, para os quais não se encontram medicamentos de cura, o caminho é a busca do equilíbrio, da paciência e da compreensão quanto à razão de existência da pessoa humana. A meditação e a reflexão levam o ser humano ao conhecimento de si próprio (conhecimento interno), o que é diferente do conhecimento de fatos externos (agentes externos que afetam o corpo físico). Para se conhecer, ou para cumprir o "conhece-te a ti mesmo", um bom caminho é a reflexão a respeito de acontecimentos que envolveram pessoas humanas, ou nós mesmos, e extrair-se uma conclusão que possa apontar o caminho da felicidade, não a felicidade que o mundo oferece, mas a felicidade verdadeira do Mestre Jesus. Em regra, as narrações contidas nesta obra referem-se a fatos verdadeiros, porém, com alteração dos nomes das personagens, que foram utilizados como exemplos para autoajuda, porque A FELICIDADE ESTÁ DISPONÍVEL A TODOS, MAS DEPENDE DO LUGAR EM QUE É COLOCADA.

Aclibes Burgarelli

SUMÁRIO

ABERTURA SENTIMENTAL
O VERDADEIRO AMOR – SEM REGRAS POÉTICAS 19

1
MEDIUNIDADE..21

2
A MENSAGEM 25

3
ENXERGAR A ALMA ATRAVÉS DO OLHAR HUMANO 29

4
ALGUÉM ME AJUDE, ESTOU EM DESESPERO......................................35

5
LABORATÓRIO DAS EXISTÊNCIAS HUMANAS......................................41

6
QUAL VIDA É IMORTAL?...49

7
A MOÇA QUE RECLAMAVA DEMAIS 57

8
BREVE NAMORO E DURADOURA PAIXÃO..63

9
O EVANGELHO NO LAR..83

10
EFLÚVIOS..89

11
SOLIDARIEDADE 93

12
A BUSCA POR MEIO DA DOR 99

13
A MATEMÁTICA – ATRIBUTO DE DEUS 113

14
ORAR É ILUMINAR CAMINHOS OBSCUROS 121

ÍNDICE COM PENSAMENTOS

1
MEDIUNIDADE
A frustração e recalques não encontram na mediunidade a panaceia de cura; antes, falo-a a reforma íntima do espírito, visto que este prossegue enquanto o médium perece.......21

2
A MENSAGEM
Pensamento: *Não somente notícias de acontecimentos humanos são enviadas pelos processos mecânicos e eletrônicos inventados pela inteligência humana. Mensagens há que são transmitidas por instrumentos poderosos, não inventados, mas inatos no plano da espiritualidade. Mensagens boas e mensagens distorcidas são enviadas e entregues por mensageiros especiais, para que a humanidade esteja informada a respeito de como suportar as provas da vida.* 25

3
ENXERGAR A ALMA ATRAVÉS DO OLHAR HUMANO
Pensamento: *O olhar e a expressão facial revelam quem a pessoa humana é e em que zona do progresso moral se encontra situada.* 29

4
ALGUÉM ME AJUDE, ESTOU EM DESESPERO
Pensamento: *Às vezes, sente-se o desejo de libertação e da própria morte, porém o momento não é apropriado, porquanto não é chegada a hora. É nesse estado da alma que se deve insistir na oração, porque tudo passará.*...35

5
LABORATÓRIO DAS EXISTÊNCIAS HUMANAS
Pensamento: *O laboratório das existências humanas funciona de acordo com as adaptações do períspirito às condições ambientais que favoreçam a vida humana no invólucro denominado corpo humano. São condições de individualização do ser que se manifesta em determinado meio ambiente, seja no planeta Terra ou não.* 41

6
QUAL VIDA É IMORTAL?
Pensamento: *Quando se sente bater no peito heroica pancada, deixa-se a folha dobrada enquanto se vai morrer.*...49

7
A MOÇA QUE RECLAMAVA DEMAIS
Pensamento: *Cristo, ao ser acusado, julgado e condenado, embora Pilatos tivera afirmado sua inocência, em momento algum reclamou da manifesta injustiça contra ele feita. Aqueles que do Mestre reclamam assim prosseguirão, porque cada reclamação é um passo para se distanciar da paz e da verdade.* 57

8
BREVE NAMORO E DURADOURA PAIXÃO
Pensamento: Há situações criadas em razão das vontades relacionados ao corpo humano, físico, que bloqueiam a necessidade fundamental de elevação do espírito. O ser humano, em regra, aceita a prisão temporária do corpo, com muito sofrimento, e rejeita a liberdade plena do espírito envolto em alegria. 63

9
O EVANGELHO NO LAR
Pensamento: *A cada segundo da vida emocional toma lugar um sentimento intruso que não se preocupa com os desejos egoístas do ser humano. Se o desejo é a paz, tranquilidade, dinheiro, saúde etc., o intruso não o respeita e enfrenta como adversário esse desejo. Assim é, porém Deus concede a Seus filhos o caminho para compreensão dessa situação e o procedimento de alívio. Basta ter olhos para ver.* 83

10
EFLÚVIOS
Pensamento: *Não basta ser aluno aplicado no estudo e compreensão das lições da vida. É necessário aplicá-las no momento em que tudo parece estar perdido e sem remédio.* 8 9

11
SOLIDARIEDADE
Pensamento: *No Reino de Deus há muitas moradas, mas, apesar da quantidade, é difícil escolher uma para abrigar nosso espírito, porque o ser humano não as localiza.* 9 3

12
A BUSCA POR MEIO DA DOR
Pensamento: *Ao andar por caminhos pedregosos, não reclame diante de obstáculos naturais no terreno, das pedras pontiagudas que ferem os pés e dificultam os passos. Agradeça a Deus por poder caminhar com os próprios pés, ainda que devagar, porque a dor dos ferimentos com o tempo desaparecerá e o benefício do percurso surgirá. É a cura Divina.* 9 9

13
A MATEMÁTICA – ATRIBUTO DE DEUS

O ser finito que buscar o ser infinito sempre estará a uma distância infinita do ser infinito. Por isso Deus sempre estará infinitamente distante do ser finito que o encontrar...... 113

14
ORAR É ILUMINAR CAMINHOS OBSCUROS

Pensamento: *Orar não é recitar lindas e belas palavras intuídas por intuição elevada da espiritualidade. Orar é sentir a presença dos obstáculos e reunir forças superiores para, gradativamente, vencê-los, até a chegada do momento em que se pede a Deus todo poderoso, por intercessão dos mensageiros de Deus, que se obtenha força para superação da prova que é apresentada e que motivou a oração.*.................. 121

ABERTURA SENTIMENTAL

O VERDADEIRO AMOR – SEM REGRAS POÉTICAS

Quando eu puder partir
espero poder sorrir;
com o sorriso,
espero poder amar.
Minha família, meu lar e amigos
espero poder recordar.
Se falo de amor
não o quero só para mim; há mais alguém;
divido-o com esposa e filhos;
queridos netos, com vocês também.
Nas lembranças eternas nos irmanaremos;
sem tristeza, lágrimas ou remorsos,
na glória de Deus felizes todos seremos.
Que Deus, no infinito amor,
nos abençoe, mas também sorria;
irmanados em um só pensamento
por nós velará a virgem Santa Maria.
Não existirá marido, pai ou avô que partiu.
Serei o irmão que foi gratificado;
como a mãe que sempre sorriu;
serei sempre a esperança eterna,
Santa Mãe de Jesus, és a pureza do amor;
protegei a todos que me deram alegria,
que ninguém fique na sombra
porque a Luz é o verdadeiro pendor.

MEDIUNIDADE

A frustração e recalques não encontram na mediunidade a panaceia de cura; antes, falo-a a reforma íntima do espírito, visto que este prossegue enquanto o médium perece.

Para melhor se chegar ao conceito de mediunidade, ou melhor, para se ter noção adequada do fenômeno da mediunidade e de sua utilização, confira-se o que não é mediunidade. Mediunidade não é faculdade do ser humano para ser exercida como meio de cura de frustrações, isto é, afastar uma emoção provinda de obstrução do almejo pessoal.

A mediunidade se encaixa na cadeia vivencial da alma, imortal, ao longo das experiências de vidas sucessivas, em corpos diferentes; experiências que não geram frustrações por malogro dos fins. A frustração não convive com a mediunidade; é um sentimento decepcionante, porque algo que era desejado não ocorreu. A insatisfação do desejo pessoal acarreta frustração, que poderá ser estendida à classe dos complexos.

Há frustração por causa da vontade não realizada. Há mediunidade por causa de vontades realizadas, boas ou más, durante trajetórias das vidas humanas. A frustração não é caminho ou meio para reposição do equilíbrio; a mediunidade é o melhor caminho para reposição do equilíbrio espiritual. Em resumo conclusivo: a frustração é fenômeno psico-humano e sua causa é humana; a mediunidade é fenômeno inteligente e a causa é o princípio espiritual.

Se as causas são diferentes e, igualmente, diferentes são os fenômenos, é evidente que os sintomas de um e de outro também são diferentes; por conseguinte, os cuidados para um e para outro são específicos e se atrelam à individualidade de cada portador.

Há um aspecto importante a ser realçado quanto a ambos os fenômenos, no que diz respeito ao resultado: a frustração, se bem manejada e controlada, poderá levar o portador à realização de boas ações, como forma de superação do fracasso; não é fácil tal resultado. A mediunidade, de seu lado, se bem cuidada e bem exercitada levará a excelentes resultados, porque estes constituem a razão de ser do fenômeno.

Um ponto comum é possível de menção nesta oportunidade: tanto a frustração quanto a mediunidade resultam de um ato de vontade, do exercício do livre-arbítrio; contudo, a mediunidade classifica-se como resultado de ato de vontade presente ou passada, desta e de outras vidas passadas. Por causa dessas características especiais, a identificação da causa mediúnica exige reforma íntima do médium para o bom exercício dessa faculdade. Quanto à frustração, a reforma que se exige é de comportamento psicológico, a fim de que se evite a instalação de recalque e considerações erradas a respeito de semelhantes.

Por exemplo, um médico almeja o cargo de diretor de um hospital, mas apesar de não ser designado, toma conhecimento de que foi indicado um enfermeiro para o cargo. O médico passa a expender críticas veementes à classe dos enfermeiros, dizendo-os de posição inferior na medicina. Tal comportamento é fruto da frustração do médico e não das qualidades do enfermeiro, do verdadeiro motivo de sua nomeação.

No caso da mediunidade, o pressuposto é seu exercício para caridade, amor, fé e esperança, como formas de superação do hoje para o galardão de amanhã. Não se cogita de a melhor caridade, a melhor fé, o melhor médium, enfim. Ou a mediunidade é exercida com consciência de quem a exerce na misericórdia de Deus ou mediunidade gratificante não existe, porque essa dádiva não se amolda ao conceito de vontade da pessoa humana.

Se a mediunidade tem causa, por certo a origem é de natureza espiritual, porém, natureza conjugada ao exercício do livre-arbítrio. Este também é um elemento espiritual. Elemento envelopado no períspirito, o qual (perispírito) fica dependente do organismo físico que lhe servirá de hospedeiro na trajetória das vidas humanas, durante as quais, gradativamente, tomará consciência da aptidão de escolha. O grau de consciência espiritual será a referência de opção das boas ou más escolhas e os resultados encaminharão às provas e expiações, cujo resgate terá por instrumento a mediunidade.

No estudo das enfermidades há exemplos marcantes. A epilepsia, por exemplo, é explicada por tergiversações que vão desde a vaga informação de convulsão ocasionada por disfunção do cérebro, que cursa com descargas elétricas anormais e excessivas com interrupção temporária das funções habituais. Essas descargas produzem manifestações involuntárias no comportamento, no controle muscular, na consciência e/ou na sensibilidade do indivíduo.

Se são descargas elétricas, quais as características particulares dessas descargas? As mesmas descargas produzem os mesmos efeitos em todas as pessoas? Se não produzem, quais as condições das estruturas cerebrais que captam esses espectros magnéticos?

Não há respostas, no terreno da ciência médica, a respeito; por conseguinte, considerando que não existe efeito sem causa, a causa para fato do organismo humano haveria de ser humana; contudo, por desconexão entre a consequência e a causa, na pesquisa das ciências humanas, o organismo humano, por hipótese, poderia ser instrumento de captação de manifestações extrafísicas, de dimensões espirituais. Por conseguinte, sob a ótica dessa probabilidade quântica, a causa seria espiritual e o resultado, consequentemente, também seria espiritual, instrumentalizado no receptor das energias.

O exemplo serve para demonstrar a razão pela qual se aceita a doutrina da reencarnação, das consequências do exercício do livre-arbítrio, nas provas e expiações e da mediunidade como instrumento de resgate, evolução e aprimoramento do espírito.

O ponto importante, nessa linha de exposição é o silêncio natural da ciência, diante de hipóteses não físicas e a farta doutrina e teoria da ciência espiritual, cuja qualidade explica a razão de ser dos fenômenos.

Podem-se ignorar condutas de vidas passadas, porque estas se apagam por necessidade natural de anistia do passado e ação do presente, na esperança de evolução para o futuro. Mesmo com a anistia não se tolhe a oportunidade, a partir do nível no qual chegou a pessoa humana, de avanço para o progresso moral. O progresso moral, convenha-se, será feito de forma mais adequada se a pessoa humana tomar consciência de que vive a oportunidade de melhorar a condição perispiritual. A tomada dessa consciência levará a pessoa, sem dúvida, a manejar a mediunidade como se maneja uma joia rara e bela.

Assim colocada a questão, não há necessidade de outras considerações acerca de como se deve exercer a mediunidade; tudo está implícito; contudo, algo deve servir de arremate: diga-me o que fazes hoje e dir-te-ei quem serás amanhã. Foi para mostrar o presente e o futuro que Jesus viveu 33 anos na Terra, ensinando, por parábolas, toda a ciência da vida. Louvado seja Jesus.

A MENSAGEM

> Pensamento: *Não somente notícias de acontecimentos humanos são enviadas pelos processos mecânicos e eletrônicos inventados pela inteligência humana. Mensagens há que são transmitidas por instrumentos poderosos, não inventados, mas inatos no plano da espiritualidade. Mensagens boas e mensagens distorcidas são enviadas e entregues por mensageiros especiais, para que a humanidade esteja informada a respeito de como suportar as provas da vida.*

Em uma Instituição de Caridade, a pequena sala reservada para estudos mediúnicos estava repleta de participantes, encarnados e desencarnados, que formavam a maioria. A participação destes era intensa e, ao contrário das pessoas que estavam acomodadas nas cadeiras, movimentavam-se rapidamente de um lado para outro, para o alto e para os lados, com imposição das mãos sobre a cabeça de alguns frequentadores. Um desses frequentadores mereceu especial atenção, razão por que três entidades desencarnadas o cercaram.

O Irmão Plínio, Mentor desencarnado, cuja assiduidade, na busca de auxílio a quem de alívio necessita, é característica sua, observava, circunspecto, toda movimentação e postura de cada um dos presentes. Sábio, elevado e libertado dos vínculos materiais, irradiava intensa luz branca. A fronte serena, o porte de sabedoria mantinha-se ao longo da trajetória moral do abnegado obreiro que, desde os tempos em que dialogava com os frequentadores da velha academia no corredor de passagem da velha igreja de São Francisco ao antigo colégio, transformado em academia jurídica, não descuidou de sua trajetória espiritual.

Com olhar firme, voltou-se em direção àquela pessoa, que permanecia calada, humilde e de olhos esperançosos ao seu restabelecimento físico, porquanto agruras tormentosas, por quais está a passar, tolhem-lhe o caminhar livre, esvoaçante e alegre de quem já realizou provas para posterior progresso.

Na dimensão mensageira de Deus, em que se encontra atualmente, o Irmão Plínio é considerado bom, misericordioso, sábio e agraciado por

Deus por tudo que recebeu durante suas vidas passadas; consegue transmitir energias das quais os eflúvios envolvem o pensamento de quem tem a certeza de que sofrimento é prova e de que prova é dádiva de Deus, para que se ajustem arranhaduras do progresso moral.

Aquela pessoa foi escolhida pelo Irmão Plínio e dela não desviou ele, em um só momento, o olhar misericordioso cujo éter de alfazema a banhava. Poucos foram os minutos para nós, mas, como não há tempo para o espírito, suficiente foi o procedimento adotado em benefício daquela pessoa, porque, visivelmente, o semblante dela foi tomado de tranquilidade. Tinha perfeito domínio de suas funções de movimento corporal, alongava os membros, os dedos das mãos, sem tremulações ou dificuldades por causa de males físicos. A impressão que permaneceu, aos nossos olhos, foi de que aquela pessoa estava totalmente livre de amarras físicas, de sua enfermidade, ao menos naquele momento em que recebia toda a força energética do grupo comandado pelo Irmão Plínio.

Aquela pessoa permanecia firme no controle de seu corpo físico, de seus braços, de suas mãos e, certamente, pulsava o coração na sintonia da energização superior; se assim não fosse, porque, naquele momento, agia como se de nenhuma enfermidade era portadora?

A cura física – que até poderá ocorrer no plano da ciência médica –, naquele momento, para o Irmão Plínio, afigurou-se secundária, ante o progresso da alma e do equilíbrio que se observava nas ranhuras do perispírito da pessoa participante da reunião espírita.

Aquela pessoa, naquela sessão de estudos e comunicações espirituais, elevou-se de tal forma que sua fisionomia foi alterada de pessoa adulta para pessoa jovem, com aparência de vinte e poucos anos de idade. Via-se, nessa pessoa jovializada, alguém com pureza, com esperança, com fé e, acima de tudo, muita humildade. É seguro afirmar que o fator humildade fora o responsável pela fenomenologia espiritual dos trabalhos.

Este relato não o elaborei durante os trabalhos, embora insinuado, porque o ambiente não estava bem preparado, dado que se desenvolviam atos de prática mediúnica, sem doação de energias para tanto. Não que a prática estivesse errada; era necessária e foi bem feita para o progresso de todos, contudo, o relato específico foi recomendado pelo Mentor Plínio para depois dos trabalhos. Essa recomendação estava contida no olhar do Mentor e, com o olhar, veio a mensagem complementar, ou seja, de não se relatar naquele momento, mas, sim, depois, porquanto, com o relato do que aconteceu em muito se contribuirá para conhecimento futuro, porque a base de tudo, naquela noite, foram as palavras de Jesus.

Conforme bem disse uma abnegada Irmã, muito rapidamente e para não deixar de transmitir a ideia, a importância dos ensinamentos de Jesus não se concentram na crucificação e morte do Mestre, mas em toda a sua vida. Espírito mensageiro de Deus, filho do Pai, elevado na sua pureza, sofreu muito mais com a imperfeição e ignorância dos irmãos do que a própria morte. Por essa razão, importante mesmo são suas palavras. Que esta mensagem sirva para, de algum modo, levar a esperança a quem, com resignação, esperança e fé, busca algo por estar a sentir, na própria pele, as agruras de molestamento físico, agruras passageiras ao lado da elevação moral, eterna, porque esse é o desejo sincero do fraterno e mensageiro de Deus, Irmão Plínio.

3

ENXERGAR A ALMA ATRAVÉS DO OLHAR HUMANO

Pensamento: *O olhar e a expressão facial revelam quem a pessoa humana é e em que zona do progresso moral se encontra situada.*

O instrumento de aferição do nível moral dos seres humanos, a partir dos 12 anos de existência, é a postura assumida diante de estranhos, no momento em que, por qualquer motivo, estes se acercam de outrem para uma informação, um esclarecimento ou algo que o valha.

Na relação formada entre essas pessoas – a que busca e a que é buscada – é necessária a manutenção de um ponto de equilíbrio, a fim de que não ocorram alterações fisionômicas nesta que é solicitada e, com as alterações, instalem-se desajustes. O elemento do desajuste é abstrato, porém se torna concreto na fisionomia e na forma de agir, por parte de quem é procurado por outrem.

Tentar-se-á descrever algumas cenas reais para aferição do grau moral dos interlocutores solicitados para responder algo a alguém e o total descaso que se faz das expressões "pois não", "olá", "posso ser útil", "graças a Deus" etc.

No que diz respeito às reações e aos movimentos dos músculos da face e a postura do olhar (situações involuntárias, espontâneas e muito difícil de serem simuladas por causa do momento em que acontecem), ali se encontra o telégrafo do íntimo espiritual da pessoa.

Pode parecer fantasiosa – no entanto fantasia não há – a afirmação de que o olhar sorri, acusa, perdoa, absolve, condena, apieda-se, convida, rejeita e assim por diante. Basta "olhar" o olhar para ver o que há de revelação espiritual.

Vamos à apreciação de cenas reais.

Dílson foi admitido funcionário do setor de segurança em uma universidade renomada e com a implantação do sistema de catracas e acessos mediante utilização de cartão magnético, foi ele designado para permanecer em um dos portões de entrada.

Certa manhã, uma aluna apressada e esbaforida, talvez por causa do horário, tentava liberar a trava da roleta sem conseguir tal intento, mesmo com a colocação do cartão no espaço reservado para a liberação.

Dílson, posicionado bem próximo ao local em que se encontrava a aluna, percebeu o que estava a acontecer, porém fingiu que não estava atento ao fato. Seu semblante aparentava atenção em outra direção e sua postura séria o identificava como sendo uma sentinela em posição de guarda.

Uma vez que a aluna percebeu que a catraca não seria liberada, às pressas foi em direção a Dílson, com olhar de socorro, e, de modo humilde, olhou-o, como a suplicar ajuda. Mostrou a ele o cartão e disse que não estava conseguindo destravar a catraca.

A postura de Dílson beirava uma ameaça que não cedeu mesmo diante do olhar de súplica da aluna. É necessário dizer que a relação começou no momento em que a aluna tentou, pela segunda vez, passar na roleta, o mesmo momento em que Dílson fingia estar preocupado com outro fato, porém, com olhar a soslaio tudo via, e via com desdém e indiferença. O olhar era verdadeiro, mas o comportamento de Dílson, falso.

Após cansativa postura de frustração e querendo ser o que não lhe foi possível ser, manteve uma das mãos nas costas, altura dos rins, e com a outra, dedo em riste, apontou o cartão e afirmou que, por negligência, a aluna teria afetado a parte magnetizada mediante guarda incorreta do dispositivo. A aluna, que não entendeu absolutamente nada do que fora acusada, ainda pediu desculpas e reiterou a necessidade de ingresso urgente. De maneira displicente Dílson, com o dedo em riste, apontou em direção à portaria próxima e disse que era lá que a aluna devia expor seu problema. A aluna não avaliou o comportamento de Dílson, o qual a ela parecia ser inerente à função e à autoridade administrativa que a ele fora atribuída, mesmo porque o atraso implicaria em perder a primeira aula.

Após o incidente, Dílson recompôs sua postura com ar de autoridade, inflexível para o que lhe fora confiado; para ele, primeiro a autoridade, depois, se estiver de bom humor, a solidariedade.

Que mal poderia trazer a Dílson, ou à fantasiosa autoridade, um "bom dia", um "pois não", um "não se preocupe, isso acontece, mas há solução para o caso". Que mal esse comportamento sereno, sem prepotência e cordial, poderia trazer ao trabalho de Dílson. É possível mesmo que ele seria alvo de elogios por parte dos alunos, que passariam a estimá-lo. Não, abriu mão do errado procedimento para enaltecer o egoísmo, a vaidade, o orgulho, a prepotência e a ignorância da palavra amor.

O incidente, que não afetou a aluna, porquanto mansa e humilde de coração, seguiu seu caminho sem preocupação ou lembrança do que acontecera; para ela não havia porque rememorar o fato, ainda porque conseguiu, no dia seguinte, cópia de um novo cartão e tudo fluiu a contento.

Os dias passaram e Dílson permaneceu no seu "posto de comando" com extravasamento de recalques e frustrações. Depois do incidente, que não afetou a estrutura mental da boa aluna, algum tempo foi marcado e, certa manhã de inverno, por causa do intenso frio, o mesmo segurança foi acometido de enfermidade leve, mas preocupante: estava febril em razão de laringite. Decidiu por buscar atendimento médico, na própria instituição, bem próximo à portaria. Foi feita a visita, porém, o médico ainda não havia iniciado o atendimento e a própria enfermaria estava fechada.

Dílson trocou algumas palavras com um faxineiro que varria o piso de entrada do consultório, mas de maneira seca e áspera, a considerar o faxineiro mero serviçal. Do que se aproveitou em favor de Dílson foi a sugestão para ele aguardar, em pé, no local, e esperar a enfermeira para ser atendido rapidamente.

Entre as partes, nenhuma palavra de gratidão por iniciativa de Dílson. Ele chegou mesmo a ficar irritado pela falta de respeito ao traje de segurança. Afinal, de que valia o layout com o símbolo da faculdade e a palavra "segurança" bordada na aba do paletó se um serviçal não se curvasse?

Dílson se sentia injuriado com a resposta breve por parte de um faxineiro, funcionário de categoria inferior à dele. Permaneceu no aguardo da enfermeira. Por surpresa, uma aluna, a mesma do incidente do cartão desmagnetizado, passou no lugar em que o segurança estava; com sorriso cordial cumprimentou-o, sem obter recepção por parte de Dílson. Ocorre que a aluna, com a humildade peculiar, indagou ao segurança o porquê de sua presença na enfermaria, se estava ele enfermo. Imediatamente, ponderou: "Posso ajudá-lo de alguma forma?".

Dílson ficou surpreso e esboçou algumas palavras, tão somente para informar que estava no aguardo da enfermeira. Ao ouvir as palavras do segurança, a aluna recomendou-lhe paciência, dado que a enfermeira era sua mãe e, por esse motivo, a aluna era bolsista, contudo, sua mãe já estava a caminho, vindo da marcação de ponto.

De fato, a enfermeira chegou em seguida e indagou à filha o porquê de sua presença no local. A filha respondeu mencionando que o segurança era seu conhecido, boa pessoa, porém estava enfermo e necessitava de cuidados médicos. A enfermeira, prontamente, fez Dílson entrar, sentar-se, ofereceu-lhe um copo de água e cuidou do atendimento dele. Não faltou oportunidade para, em conversa vai, conversa vem, observar que a natural solidariedade de sua filha em relação às pessoas, sem distinção, era causa de grande orgulho da mãe.

Não há como se descrever a mudança de comportamento, da postura e de olhar do segurança, antes e depois dos dois incidentes. A realidade é que Dílson recebeu uma grande lição de vida e, se quisesse colocar em prática o que aprendera naquele momento, por certo daria grande passo na ascensão moral.

De outra maneira, se entendesse não colocar em prática a lição que, mesmo sem solicitação, a vida lhe ofereceu, que permaneça estagnado no padrão moral em que se encontra, contudo, chegará o momento derradeiro, acusador, e então tudo ficará mais difícil para sua elevação espiritual.

Não se cogita da espera de castigo Divino, por ato não solidário tal qual o de Dílson, já que Deus é bondade eterna; há tanto amor e bondade na ordem natural da vida que, cada ser humano goza de liberdade plena para agir como bem entender. O que existe é a ordem natural, ou lei cósmica, ou mesmo Lei de Deus, segundo a qual toda causa produz um efeito. O livre-arbítrio, conforme seu manejo, dá causa a bons ou a maus resultados e as consequências não podem ser atribuídas a Deus, mas ao manejo do livre-arbítrio. Com a vida Deus ensina; perceba quem quiser perceber, porque há liberdade até na percepção.

O relato, com pequenas alterações, refere-se a um caso verdadeiro, em relação ao qual foi enviada a mensagem adequada aos humanos de boa vontade.

Enquanto a pessoa humana reveste-se de vida, de alma, para funcionamento e movimentos do corpo físico, cai no esquecimento da real função desse corpo. O corpo físico, sem alma, é cadáver inanimado e objeto de transformação fisioquímica. O mesmo corpo físico, revestido de alma, é o indivíduo pensante, com sentimentos, emoções e capacidade para pensar, seja lá qual o grau de possibilidade.

Se o corpo físico é instrumento ecológico para envolvimento da alma, é certo que a causa importante da vida é a mesma alma, ou o espírito.

A efemeridade quanto ao aprisionamento da alma ao corpo, revela ser mais importante a alma do que o corpo, ao menos em dado momento. Na ordem de importância, o que dizer da riqueza, do poder, do egoísmo, da prepotência, da intolerância e tudo o mais que se prende às vontades meramente humanas?

A mensagem deste texto é dirigida a todo aquele que, na vida em sociedade, exerce uma função de trabalho junto ao público, na administração pública, nos órgãos de poder, nas empresas e em toda e qualquer instituição que necessita de alguém para relacionamento com o público.

A personagem desta narração, o segurança Dílson, tornou-se refém vaidoso de um traje, de um distintivo e de algumas expressões vãs. Não percebeu que todo paramento serve por um curto período, ao cabo do qual não se guardou privilégio algum.

O mesmo ocorre com quem detém poder, riqueza, ostentação, arrogância, intolerância e outros defeitos que neutralizam a solidariedade.

Que se faça segura reflexão sobre as circunstâncias da conduta ou das condutas iguais às de Dílson para compreensão do exato sentido do mandamento "Amar ao próximo como Jesus nos amou".

4

ALGUÉM ME AJUDE, ESTOU EM DESESPERO

> Pensamento: *Às vezes, sente-se o desejo de libertação e da própria morte, porém o momento não é apropriado, porquanto não é chegada a hora. É nesse estado da alma que se deve insistir na oração, porque tudo passará.*

Evanildo procurou-me certa feita, corajosamente, porquanto estava tomado de desalento e desânimo visível, na tentativa, talvez, de abrir seu coração e colocar para fora algo que o pressionava. Iniciou o diálogo desta maneira:

– Hoje não estou bem!

Fixei-lhe o olhar e nada disse; assim, foi ele premido a prosseguir no desabafo, sob pena de não fazer sentido o que iniciara. Evanildo, contudo, tergiversou e com titubeios evitava centralizar aquilo que, para ele, era grande tormento.

À medida que falava deixava claro que se dedicara, durante sua vida, à família, a quem amava; porém, o amor que confiava era manifestado por ele na razão direta da estrutura psicológica do grupo familiar. Não a estrutura psicológica própria de cada membro, mas a que Evanildo formara discricionariamente ao longo de seu relacionamento dentro do lar. Ele se envolveu na ideia de que conhecia o caminho e as pedras e sua missão era tornar suave o caminho conhecido. A respeito dessa imagem não aceitava contestação.

Não se pode negar que, dentre os familiares de Evanildo, havia suficiente afinidade e, por esse motivo, fácil era considerá-lo bom exemplo. A afinidade, entretanto, não altera a individualidade de cada pessoa da família. Por essa razão não ficou afastada a ideia do aprisionamento familiar nas regras exageradas que, de qualquer maneira, cerceava a liberdade dos mesmos familiares.

No íntimo, cada um deles desejava ser livre, mas perdurava na atmosfera daquele lar temor quanto ao preço futuro, desconhecido ao qual, na condição de libertos, estariam obrigados a pagar. O desejo de liberdade mais o temor pelo futuro provocou canalização de comportamentos rebeldes, que desencadearam na seara da alma de Evanildo sentimento de frustração. Qualquer ponderação de somenos era motivo para discussões e troca de ofensas, ora por um, ora por outro familiar.

Nos encontros consigo próprio aquele líder familiar travava intensa batalha, porque desejava doar situações de tranquilidade e segurança aos seus e tudo fazia para esse mister, mas os resultados eram diametralmente opostos. Por essa razão, Evanildo alimentava a preocupação de sempre ter estado ao lado de todos, amando-os, apesar de rigoroso, sem expectativa de retorno; alimentava a preocupação de ter formado patrimônio para o futuro da prole e não sentir expectativa de equilíbrio quando da sucessão hereditária; preocupava-lhe toda sua vida de trabalho e, então, às portas da velhice, passar por sentimento de que tudo foi em vão.

Ao final do desabafo de Evanildo, dele ouvi estas palavras de arremate:

– Acho que o errado fui eu, porque deveria ter deixado cada um cuidar de si próprio, como eu sempre me cuidei! Se assim o fizesse, hoje todos teriam maior responsabilidade! Agora, entretanto, é tarde e não dá para retroceder. Quem sabe não seria melhor a morte?

Confesso que não me ocorreu a palavra certa, de alento. Optei em repetir palavras comuns, de efeito, como:

– Calma, tudo passará, pois não há mal que sempre dure! Você cumpriu sua parcela e é o que interessa e basta!

Refleti melhor e ousei avançar na tentativa de colocar nos pratos em desequilíbrio algo que pudesse nivelar a situação, assim, avancei.

– Meu amigo. Cada momento de nossa existência é um pacote, em cujo conteúdo estão os elementos de determinada experiência de vida. Perceba quantos pacotes existirão ao longo da vida carnal.

Tudo o que consideramos sofrimento ou frustração são experiências empacotadas, porém, não são mais do que desajustes voluntários relativamente à Ordem Divina, porquanto Deus é justo, é o ponto de equilíbrio da perfeição.

O desajuste se dá não por vontade de Deus, mas pela nossa vontade, durante uma experiência de vida e no exercício da liberdade do espírito, do livre-arbítrio e da lei natural de causa e efeito. Liberdade que exercitamos plenamente sem nos dar conta do que estamos fazendo. Depois, quando o resultado não corresponde ao desejado, buscamos a causa fora do nosso ato anterior. Por isso sofremos, mas a causa está em nós e não fora da linha que traçamos. Esse é o seu problema, meu amigo.

Em que pese a tentativa e o despertar de atenção por parte de Evanildo, certo é que as palavras funcionaram como crítica, ou, na pior das hipóteses, como mero gesto de solidariedade, sem ressonância. O momento, pois, impunha mais, muito mais. Muito mais que ultrapassava minha boa vontade de ajudar.

Nesse clima de envolvimento interferiu o Irmão Frei Plínio. Trouxe em uma das mãos o livro intitulado *Estude e viva*, do abnegado Chico Xavier e Waldo Wieira, com a participação de Emmanuel e André Luiz. Sem qualquer titubeio, preparação ou consulta no índice, o livro foi aberto aleatoriamente no Capítulo "Ante a Família Maior". Obviamente, foi feita a leitura de um trecho que toma a humanidade por grande família e irmandade plena. Ficou anotado que não é possível prevenir e solucionar a gama de todos os percalços da vida de cada pessoa humana, na sua trilha adrede escolhida. Cada indivíduo é a própria individualidade, que espera receber esta ou aquela migalha de amor. Confira-se.

"... Esse pede uma frase de benção, aquele um sorriso de apoio, outro mendiga um gesto de brandura ou um pedaço de pão... abençoa-os e faze em favor deles, quanto possas, sem te esqueceres de que o Eterno amigo nos segue os passos, em divino silêncio, após haver dito a cada um de nós, na acústica dos séculos: Em verdade, tudo aquilo que fizerdes ao menor dos pequeninos é a Mim que o fizestes...".

Agradeci a Deus a oportunidade de esclarecimento e, convicto, pude concluir o ato de vontade de ajuda, da seguinte maneira:

– Meu irmão, jamais se arrependa do que você fez pelos seus. Lamente, sim, não poder ter feito o mesmo pela humanidade. Lamente, sim, que suas boas ações, no fundo, tinham doses de egoísmo, porque você pretendia a segurança tão somente dos seus. É ação de caridade, não há dúvida, mas seu sofrimento atual decorre exatamente do fato de você nunca ter pensado em ensinar os seus a agradecerem por tudo e a buscarem, pelo menos um pouquinho, a ajuda para com estranhos mais necessitados.

Concluída a reflexão, pensei a respeito daquele encontro e prometi a Evanildo tentar, durante meus momentos íntimos e conectados às forças auxiliadoras, analisar o fato. Incumbi-me da tarefa e aqui revelo o resultado.

Crê-se que não existe, em sã consciência, quem, em qualquer momento de sua vida humana, com qualquer idade, não tenha passado por momentos de tristeza, de melancolia e desalento, por razões ignoradas.

Não há dúvida de que esses momentos isolam as pessoas e despertam reflexões; no entanto, em regra, reflexões negativas. Se alguém se aproxima de outrem, que se encontra abatido no espírito, perceberá, de pronto, que a pessoa não está bem. Se for pessoa íntima, lança-se mão de todos os esforços para neutralizar forças negativas e projetar ação dos bons fluídos; contudo, é muito difícil conseguir esse intento até mesmo por causa das circunstâncias próprias do momento por que passa o sofredor. Não se afasta a possibilidade de se agravar mais o estado da pessoa passiva que, em regra, nesses momentos quer permanecer só, com seus botões.

No quadro descrito em torno de Evanildo, que é comum e não acontece excepcionalmente, ao contrário, é mais frequente do que se imagina, isso que o digam os psicoterapeutas, a regra do egoísmo não foi afastada.

Esses momentos inspiram cuidado por parte de quem os experimenta e desconhece as causa. É possível que, etiologicamente, os sinais sejam suficientes para diagnóstico de alguma enfermidade, mas, quase sempre, o vínculo que se forma coloca, de um lado, a causa (exercício do livre-arbítrio) e proporcional efeito (responsabilidade quanto ao exercício do livre-arbítrio).

Nos momentos de desespero, de tristeza, de sentimento a respeito da vida, entendendo-a sem valor, é nesses momentos que, costumeiramente, avalia-se a carga física e não a carga espiritual. Se se constata maior peso quanto às cargas físicas é porque não se cuidou de aprimoramento da alma – que é eterna – e sim, de modo errado, cuidou-se do que não dura nada – a vida terrena eivada de sentimentos de cuidados egoístas.

Nos momentos em que se deseja a solidão, por causa do peso da carga humana, em verdade pensa-se na morte, mas com temor por ser algo desconhecido, em regra.

Comparação fantasiosa é aqui esboçada para se tentar explicar o sentimento de libertação. Pense no condenado ao cárcere por longo período, por crimes cometidos por dolo, ou seja, pela vontade consciente e dirigida no sentido do resultado errado.

O cárcere é terrível porque amarra a liberdade do corpo, embora não impeça a liberdade dos pensamentos do prisioneiro. É terrível porque não há alternativa e o condenado tem que aceitá-lo, para cumprir a prova a respeito do resultado a que deu casa, por vontade própria.

A única maneira de se acomodar a situação é a busca de algo bom naquele estado de coisas, porque não pode existir somente desajustes. Em algum momento há que se ajustarem os pontos violentados. Por essa razão, no momento em que prevalecem as forças dos reajustes e a certeza de que não haverá soltura para o prisioneiro, antes que se cumpra o período determinado, não adiante tentar a fuga.

A fuga é mais desajuste do que está desajustado e o prisioneiro será perseguido para retornar ao cárcere. Por certo, mais cedo ou mais tarde, retornará até que se cumpra a prova da pena ou, por merecimento, ingresse ele na liberdade condicional, vigiada. É esse merecimento a porta que se abre para resgate dos erros cujas causas são de nossa responsabilidade.

Entreguei o escrito a Evanildo e disse a ele que, de minha parte, não encontrei palavras de alento, porém enxerguei, no relato, algo que me trouxe esperança e certa paz de espírito. Quem sabe também poderá servir para o amigo e para outrem, porquanto era ele quem estava em estado de tristeza.

5

LABORATÓRIO DAS EXISTÊNCIAS HUMANAS

> Pensamento: *O laboratório das existências humanas funciona de acordo com as adaptações do períspirito às condições ambientais que favorecem a vida humana no invólucro denominado corpo humano. São condições de individualização do ser que se manifesta em determinado meio ambiente, seja no planeta Terra ou não.*

O espírito, na condição de entidade que integra a ordem natural cósmica, é imortal, mas não é imortal dotado de inteligência suprema, conquanto reúna o atributo desta. Se não ostenta supremacia da inteligência, o atributo inteligente é relativo e relativo significa que, em certas circunstâncias, não há inteligência. Por conseguinte e na pior das hipóteses, para se cumprirem as condições da lei natural do progresso, deve-se superar a ausência de inteligência ou, se obstáculos se antepuserem no caminho, deve-se procurar manter o status quo, na esperança de superação futura – o que também se considera progresso, mas lento.

A equação progresso/manutenção representa o material com o qual se labutará no laboratório da vida humana. Ora surgirão fenômenos, ora despertará interesse em estudá-los ou, acerca deles, tentar-se compreensão; não rato sentir na própria carne, como se diz, aquilo que se afigura sofrimento, dor, perturbação e desalento; outras vezes, a sensação de falta de lógica para o que aflige a existência efêmera. Todos esses estados servem de fenômenos de estudo no laboratório da existência humana atual, passada e futura.

Mesmo que se observe com resignação determinado fenômeno, com o fito de encontrar lógica para a vida humana; ainda que se proceda a reflexões, a estudos, experiências e comparações, apesar de todo o empenho há momentos em que o arcabouço vital de sustentação da vida humana fragmenta-se tal qual acontece com o granito, mineral resistente, que se transforma em poeira, por ação química de elementos naturais.

O desafio no trabalho laboratorial consiste em se encontrar o estágio, o nível ou a zona em que a compreensão, a respeito da vida, dê segurança, certeza e convicção de que a poeira é um estado do granito e que, seja qual for o estado, ambos se prestam a um fim útil.

Não importa se o mineral, no estado de granito, atinja o fim "x" e, depois, no estado de poeira, encontre o resultado "y". Ambos os estados justificam-se na finalidade, ou melhor, no resultado, o qual, obviamente, é o futuro. Faz sentido, portanto, inserir o elemento "futuro" no campo investigatório do laboratório da vida humana, porque existe nexo etiológico entre o presente e o futuro e esse dado é relevante. Mesmo o presente, este se relaciona etiologicamente ao passado.

Os cristãos aprenderam que a expressão maior da doutrina de Jesus é a caridade. Em maior ou menor grau, o ato de ajuda ao próximo é ato de caridade. Uma vez que o sentimento de ajuda, entre pais e filhos, por exemplo, é inerente ao processo natural de geração pelo encontro de dois seres de sexos opostos (ato Divino e revelador da presença de Inteligência Superior e criativa), não há dúvida de que a regra, quando do nascimento da prole, é a aceitação, por parte dos pais, ou mesmo por um deles, de qualquer sacrifício em favor do ser que indefeso vem à luz. Ser que, talvez, em outro corpo limitado e mortal, tenha convivido com os então genitores, em circunstâncias bem diversas. Assim é porque a alma é imortal; o corpo é mortal.

Há exceções, é verdade, contudo, elas não negam a regra geral; são circunstâncias excepcionais nas quais fatores particulares influenciam a realidade. Por exemplo, há membros de uma família que são reencarnados para missões superiores. Se alguém pretender um exemplo marcante sobre o que se afirma, que procure ler algo sobre Santa Mônica – sua missão, suas orações incessantes, seu debruço de fé, seu marido e seu filho Agostinho. Tão somente quando reinou a certeza da salvação de ambos, Santa Mônica desencarnou. O filho, de sua parte, legou as mensagens belas e sublimes na sua obra *Confissões*.

No Capítulo 1, "Louvor e Invocação", encontra-se esta revelação sublime e espiritual, corolário da mensagem de Jesus, "Procura e acharás":

"Com certeza louvarão ao Senhor os que o buscam, porque os que o buscam o encontram e os que o encontram há de louvá-los".

Sandro, um moço predestinado ao sofrimento, nutria sentimentos tão particulares que as pessoas íntimas os desconheciam, porque eram sentimentos bem escondidos nas entranhas da alma e dissimulados no comportamento do moço. Não era possível afirmar que ele amava aos pais; outrossim, também não era possível afirmar que não os amava; tudo dependia do momento em que tal afirmação houvesse de ser feita, diante de um fato concreto.

Quem, ao lado de Sandro viveu, acostumara-se ao comportamento dúbio dele e, por essa razão, para melhor convivência, o remédio era lançar mão de eufemismos, de palavras suaves, tais como dizer que ele era pessoa difícil, mas boa; enigmático e calado; perfeccionista em tudo e por isso seu semblante fechado etc.

Traçado o perfil da maneira aqui mostrada, o quadro não teria relevância ou influência alguma se não fosse o caso de se pretender entender a razão pela qual, naquele dia, sob fluídos pesados, eclodiu desentendimento pueril entre ele e seu pai, por motivos estritamente profissionais.

Sandro trabalhava com seu pai, contudo, ele e seu pai revelavam duas personalidades diferentes, com provas espirituais diferentes, individualidades próprias, no entanto, um ponto comum existia: a aproximação de ambos, como pai e filho, com oportunidade de se equilibrar algum ponto de desajuste do passado.

O pai tinha consciência dessa realidade, embora não soubesse qual fora o fato passado, de sorte que procurava esclarecimentos sobre a possibilidade de ser devedor, e buscava encontrar um caminho de progresso que pudesse servir de meio para chegar à compreensão do que devia fazer certo e do que devia se abster, por errado.

Quanto a Sandro, nada a dizer, pois o cofre de emoções, de compromissos e de oportunidades encontrava-se fechado, selado e inacessível para se saber o que no interior estava guardado.

Assim sendo, para o pai de Sandro não havia parâmetro de sua conduta e, sem cogitar possíveis interpretações não condizentes com a realidade de sua alma, não titubeou em fazer caridade, por amor à neta, filha de Sandro, sem medir esforços para tanto.

É bem verdade que a condição humana desse colaborador, às vezes, por influência da matéria sobre o espírito, punha-o a reclamar, não da caridade, mas do que materialmente fazia para obter ajuda material. O desejo de caridade, felizmente, era o freio para esses momentos de decaída e servia para elevá-lo à realidade.

No íntimo, porém, o pai de Sandro procurava se redimir e orava a Jesus, com quem conversava secretamente por escrito, para lhe iluminar o caminho de seus últimos anos de vida e permitir que também se iluminasse o caminho do filho, no sentido de ele encontrar um porto seguro e seguir em frente com suas próprias forças, porquanto era esperança natural que a vida do filho seria mais longa.

A vontade da pessoa humana, quanto ao que entende bom para a vida humana, é produto de anseios materiais, o que não significa que estes estejam conforme a Ordem Divina, dado que o anseio material, às vezes, é tentativa de remover consequências que não poderiam ser removidas por caminhos escolhidos pelo interessado.

Os anseios materiais, os desejos de prevalência das vontades do corpo, em regra, ficam longe da visão das causas geradoras de tudo o que se passa nos momentos da vida; são causas irreversíveis, fatos do passado, e não há como eliminá-las. Paradoxalmente, mesmo que paire a certeza de que o passado não volta, a pessoa humana investe na eliminação das consequências, desejo este absolutamente impossível. Como eliminar a consequência se houve causa?

Pois bem, nas idas e vindas, no relacionamento de ambas as personagens que aqui são cuidadas, formou-se relacionamento outro, espiritual, de natureza afetiva e necessária para o resgate das faltas passadas de ambos. Contudo é importante observar que ambos, pai e filho, eram empregados de uma mesma empresa e exerciam suas funções na mesma seção de recursos humanos; porém, Sandro tinha por chefe seu pai.

Era necessário que se delimitasse de forma clara e justa a separação de vínculos: o vínculo parental e o vínculo profissional, diametralmente opostos quanto à finalidade. Se esta afirmativa não fosse adotada como regra, a possibilidade de conflitos seria acentuada.

Infelizmente, Sandro não percebeu a necessidade dessa separação de relacionamentos e confundiu ação profissional como ação parental. Admoestação profissional, com humilhação pessoal, e o resultado foi o abalo, no momento em que se colocou de forma reprovável uma questão profissional, que Sandro considerou reprovação ao relacionamento familiar; daí em diante, tudo se pôs a perder, com prejuízo manifesto para ambos os ofensores.

Sandro já havia formado sua família, com extremo amor à prole, a quem se entregava de corpo e alma. E quanto a essa realidade, estava a cumprir resignado os desígnios de Deus, com humildade e esperança no coração. É evidente que, com o matrimônio, Sandro e Violeta pautaram regras de vida próprias, exclusivamente para eles e a prole. O casal afinou-se nesse relacionamento próprio, diferente do modo de vida dos outros irmãos e dos próprios pais, principalmente do modelo traçado pelos pais. Destes ficou apenas o registro de causa biológica da prole, agora sob outra conformação.

De fato, não se nega esse registro, porém, há que se acrescentar que a vida humana se realiza pela reencarnação, cujos preparativos antecedem à formação do corpo humano biológico.

Se o nascimento do corpo humano obedece à ordem natural, à biologia, forçoso é reconhecer que, no plano maior, essas condições materiais são elaboradas para aplicação em um determinado perispírito reencarnante, porque este e o corpo humano irão interagir na busca do progresso.

A simbiose favorece o perispírito, mas entrega ao corpo humano, como prêmio, o progresso da pessoa humana, que será distinta no grupo social da época, e aí a explicação para boas e más pessoas. Entretanto, um elemento influencia o resultado que se espera. Esse elemento é o livre-arbítrio, de cujo exercício depende o progresso ou a estagnação espiritual e corporal.

Ambos os estados (estado de corpo humano e estado perispiritual) voltam-se necessariamente ao progresso; contudo, o alcance desse fim dependerá do modo sapiente ou ignorante do perispírito.

O Mestre Jesus veio à humanidade para doar a grandiosidade de seus ensinamentos, como guia da salvação, mas o manejo das palavras do Mestre tem deixado muito a desejar, e daí a gama de sofrimento nas orbes brutas, as quais, um dia, serão polidas, porque o céu e a terra passarão, mas não passará a palavra de Jesus.

Na arquitetura do relacionamento entre Sandro e seu pai, houve momento de abalo dos pilares erguidos para suporte da convivência de ambos; evidentemente, os pilares financeiros que se não confundiam com pilares espirituais. Mas não se logrou perfeita separação e, assim, aconteceu a distorção. Sandro chegou a um momento de crise; crise entre a natureza das vontades humanas e a natureza da conduta espiritual.

Em síntese, reproduz-se o breve diálogo, áspero e inoportuno, entre Sandro e seu pai, e traz a lume o perigo de se laborar em confusão entre caridade por amor a Jesus e ajuda financeira por dever paterno.

Sandro – Eu não quero a sua caridade! (obviamente se referindo à ajuda financeira).

Pai – Essa é a caridade que entendo e que posso dar! (referindo-se ao amor a Jesus e o dever de ajudar financeiramente).

Sandro – Então a rejeito! (rejeição da ajuda material sem considerar que ela não tem a ver com o amor espiritual).

Pai – Qual você deseja?

Sandro – Esta! (ou seja, total independência sem vínculo de ordem financeira).

Pai – Essa não a posso fazer ou dar, porque é inadequada e não estou estruturado para tanto!

Sandro – Então desejo que se rompa o vínculo entre nós! (e aqui fica a dúvida: qual vínculo, o profissional ou o afetivo?).

Não há dúvida de que o diálogo traz, de modo explícito, bipolaridade paradoxal: de egoísmo e solidariedade, de vontade e frustração. Mas o que, efetivamente, ressalta, é o sentimento, mais por parte de Sandro, de orgulho ferido.

A respeito do acontecimento – que é bem mais comum do que possa parecer –, algumas indagações são colocadas, para reflexão e conclusão do leitor, supondo-se que já tenha ouvido, presenciado ou participado de situações como as aqui descritas.

- Em que proporção se deve ajudar materialmente os familiares, sem que eventual restrição se confunda com falta de amor?

- Qual a ajuda que mais toca o coração da pessoa: material ou espiritual?

- É possível a ocorrência de reações imprevistas, ante a ajuda prestada e a expectativa de quem as recebe?

- Longo período de ajuda altera a responsabilidade profissional de quem a recebe?

- A ajuda muito envolvida na estrutura espiritual e econômica do prestador pode se deteriorar?

- Qual a proporção adequada na relação entre quem presta e quem recebe ajuda, considerando-se a existência de muito amor e a possibilidade desse estado ser abalado pelos benefícios materiais do dinheiro?

- É possível, mesmo com ajuda, que surjam resultados piores do que a própria ajuda?

- É possível estabelecer-se relação de aversão, por decepção de quem recebeu ajuda e, em seu modo de entender, considerar que seu orgulho foi ferido?

- É possível a interferência de obsessores na relação de ajuda?

- Como ficam os bons resultados, a partir do momento em que se rompe o vínculo entre quem dá e quem recebe?

- Há alguma interferência, na relação de ajuda, entre causas passadas e situação presente?

As respostas a tais questões são individuais e servem para que cada pessoa elabore suas anotações, diante de um caso concreto, somente seu, e extraia conclusões em benefício do semelhante. Cada ser humano deve olhar seu passado, sopesar as circunstâncias e tentar respondê-las de acordo com a realidade individual de cada um.

Algo, comum, é possível de ser declinado, qual seja, o orgulho ferido. O orgulho, no entanto, é emoção terrível porque é aliado do egoísmo. Se, no seio da família, instalarem-se essas emoções, por certo um ponto de desequilíbrio desmantelará toda a estrutura montada para resgate das faltas passadas e que não se comprazem com outras emoções senão a de amor, caridade, fé e esperança.

É importante que a família tenha sustentação material ao menos para satisfação das necessidades básicas de alimentação, saúde, transporte e educação. Se, moderadamente e de modo natural, não houver pressão de ordem profissional ou financeira, por certo ausentes estarão os desvios inadequados; desvios que prejudicam o relacionamento que se espera dos integrantes da família, e os débitos do passado serão honrados com alegria e esperança de elevação.

Pense na tristeza de uma pessoa que está prestes a perder seu único imóvel onde abriga a família, em leilão, por não ter pagado a hipoteca. Imagine-se, agora, que essa mesma pessoa, um dia antes do leilão, recebe um prêmio exatamente no valor do débito. Paga a dívida e o leilão é cancelado. Pense, agora, na alegria que se instalou no seio do lar e busque descrever o clima que se instalou na família, supondo que fosse você o beneficiado!

A estruturação do corpo familiar é importante, porém, sem equilíbrio do espírito de cada integrante, não haverá o necessário e fundamental freio do livre-arbítrio e a vida humana, quanto à razão de ser, não servirá para nada.

Por esse motivo há a necessidade de adequado acerto, sem o qual o equilíbrio não estará presente e de nada servirá a base financeira e patrimonial, porquanto os bens materiais perecerão um dia.

Diferentemente ocorre com o patrimônio moral que integra a estrutura do espírito, de modo a guardar as verdades Divinas e a depuração que da vida material é feita. Esse patrimônio é representado, na figura do leilão do imóvel, pelo prêmio que o devedor recebeu, no exato valor da dívida e com o qual afastou as consequências oriundas da causa anterior: empréstimo feito no banco.

De onde vieram os filhos? Para onde irão? Não se sabe o que aconteceu no passado, tampouco se poderá prever o futuro; tem-se, sim, conhecimento do presente, portanto, no presente, os filhos estão aqui e, se estão, é porque algum motivo existe para tanto.

Os bens materiais sustentam o corpo; os espirituais, a alma; entretanto, um necessita do outro para o crescimento espiritual, mas este através daquele.

Em conclusão, o que se pode afirmar, sem eiva de dúvida ou erro, é que a família é o desaguadouro das oportunidades de resgate de causas passadas, causas desconhecidas porque, se conhecidas fossem, a família não seria oportunidade, mas um campo de batalha onde se recrudesceriam ódio, vingança, desprezo, tortura, maldade e outros flagelos da humanidade. São flagelos que aconteceram, acontecem e acontecerão; são causas que gerarão consequências e são famílias que se reencontrarão para ajuste dos desvios e permanência do ponto de equilíbrio, Deus.

6

QUAL VIDA É IMORTAL?

Pensamento: *Quando se sente bater no peito heroica pancada, deixa-se a folha dobrada enquanto se vai morrer.*

Quem nunca ouviu falar de alguém que de tudo faz um pouco? Vitor foi esse alguém. Desde menino fascinara-lhe todo e qualquer trabalho que exigisse habilidade manual. Foi engraxate de porta de bar, vendedor de bugigangas nas praças públicas da grande cidade em que morou, auxiliar de alfaiate, vendedor de amendoim e de refresco em futebol da várzea, auxiliar de serralheiro, de marceneiro, de costureiros, de sapateiro, de farmácia, entregador de camisas feitas à mão; pastor de cabras, aprendiz de cozinha, carvoeiro, vendedor avulso de roupas, músico, telegrafista, jogador de futebol, coroinha e mariano de Igreja Católica, servente de pedreiro e outro tanto de atividades profissionais exerceu, porém, o passar do tempo lhe apagou da memória as lembranças.

Orgulhava-se em dizer que nunca lhe faltara dinheiro, embora não pudesse ser considerado abastado ou rico; era pessoa afortunada, mas não de riqueza material. O entusiasmo que ele nutria pela vida o transformara em pessoa feliz, otimista e esperançoso a respeito de qualquer empreitada a que se lançava na vida profissional e na crença de sua formação pessoal. Tinha conhecimento de suas limitações quanto ao acesso cultural, mas jamais cultivou a possibilidade de fracasso.

Vitor não foi uma criança nota dez nos estudos fundamentais por quais passam aqueles que conseguem acesso ao estudo. Mesmo assim não se considerava desprovido de capacidade para conhecimento adequado às suas aspirações não exageradas; no que aspirava ser, aos poucos e com dificuldade, conseguiu êxito.

Uma das primeiras frustrações que, felizmente, não se transformou em recalque, ocorreu no curso ginasial. Certo de que não levava a sério o estudo, melhor, no seu entender, abandoná-lo e tentar algo menos exigente.

Tinha, naquele tempo, excelente emprego, sem perspectiva de demissão; ao contrário, com perspectiva de estudo a respeito da profissão e promoções futuras, o que efetivamente aconteceu até o momento em que a empresa tradicional inglesa, encerrou as atividades no Brasil; mas, para Vitor, que já havia chegado ao ápice de sua atividade, o fato não lhe trouxe preocupação, visto que já havia retornado aos estudos, concluído o curso ginasial, completado o curso colegial e com ingresso em tradicional universidade pública, cuja formação então se concluía para que, na qualidade de profissional liberal, iniciasse novo trabalho com ganho razoável para sustento da família.

Certo é que se saía bem em toda e qualquer atividade que iniciava, porque, sem o saber, recebia ajuda espiritual de alguém que com ele se preocupava e o acompanhava nos passos da vida. Vitor sentia que havia alguém, mas não se preocupava em saber mais a respeito. A ele bastava essa crença, o respeito por esse sentimento e a fé de que tudo para ele daria certo. Não sentia inveja de quem fosse melhor do que ele; sentia, sim, estímulo desafiante para que pudesse chegar ao mesmo patamar de quem pudesse lhe despertar fascinação.

Décadas e décadas passaram e Vitor se saía bem em todas as investidas de progresso, repita-se, sem nunca ter sido rico ao ponto de ser afetado na maneira de viver e se afastar de suas origens; ao contrário, as suas origens traziam orgulho e ele exibia retratos, cartas e outros documentos daqueles momentos que muitos, por causa do orgulho e vaidade, pretendem esconder.

Certa feita foi tomado de tristeza porque seu filho, menino, desmontou a caixa de engraxate que montara para ganhar uns trocados e onde escrevera, com tinta de sapateiro, em um dos lados, o seguinte: "CrZ 2,00". Sentia falta daquele objeto que, por certo, serviria de decoração de seu luxuoso gabinete de trabalho na idade madura. Nunca sentira vergonha de seu dedicado pai que, humilde servidor de café, em uma repartição pública, fotografou-se, sorrindo feliz, segurando um bule, atrás de um balcão, durante certo congresso para o qual fora designado, a fim de servir o famoso "cafezinho" brasileiro.

Aquela fotografia representava um pedaço da vida de Vitor, as gotas de sangue que fluíam em suas veias, a gravação feita na memória a respeito do arrojo profissional do pai, que sempre teve mais do que um emprego, tudo em favor da família. Ali estava o herói de Vitor, ali estava seu estímulo e seu orgulho, portanto, aquela foto devia ser exibida sem rusga de vergonha; ao contrário, como se fosse o grande troféu de sua vida.

Certa feita, Juca, um amigo de infância, já na fase adulta, em conversa com Vitor, no gabinete deste, ao comentar o passado do amigo, fez uma revelação que lhe tocou fundo o coração. Disse o amigo que o motivo da grande admiração e respeito por Vitor estava no fato de que ele sempre exibiu, com destaque, a fotografia do pai, sem que este fosse autoridade de renome e, sim, humilde funcionário servidor de cafezinhos na repartição.

Vitor, na senda da vida, galgou posições invejáveis e conseguiu progresso nas atividades abraçadas, porém, na idade adulta sentiu profunda atração para o estudo de filosofia, graças à influência que recebera de um grande amigo, professor de filosofia, o Dr. Mário Ferreira dos Santos, que conhecera e cuja residência frequentara por muito tempo aprendendo filosofia. O digno e respeitável professor desfrutava de inteligência distinta, autor de muitos livros, ex-aluno e professor das melhores faculdades públicas do Estado, e tão humilde que permitia ser visitado por quem se interessasse por filosofia no recôndito do lar. Vitor guarda, até hoje, grande acervo das obras daquele inesquecível mestre.

É importante anotar, porque o fato poderá servir de exemplo, que Vitor não alimentava aspirações ou intenções de alçar voos altos; ao contrário, procurava participar de grupo que tivesse interesse, dedicação e garra para enfrentar certas tarefas, de qualquer ordem. Interessante que, nessa linha de comportamento, em regra, Vitor se destacava e, por causa do objetivo, era indicado para liderança do grupo ou para auxiliar o líder.

Às vezes, Vitor se punha a refletir sobre sua vida e não acreditava como as coisas aconteciam naturalmente com ele, se, para outros, eram consideradas difíceis e, às vezes, impossíveis. Vitor sempre atribuía o sucesso a uma ajuda externa, espiritual, porque, quando cabia a ele pleitear algo, as condições para o pleito se alteravam e se tornavam favoráveis à intenção.

Um exemplo pode ser dado – e apenas um, porque muitos outros existiram. Se Vitor, como sempre fazia, vinha a alimentar um desiderato, por exemplo, a indicação para o exercício de certa função, mas, para tanto, a condição era aprovação em um concurso, as regras rígidas do concurso eram alteradas, favoravelmente a Vitor, e, depois, retornavam ao estado anterior. Assim, Vitor era favorecido, porque conseguia ser aprovado com seu conhecimento compatível com a exigência.

Não foi tampouco duas vezes que fatos que podem parecer absurdos aconteceram. Foram muitos e, a cada acontecimento, Vitor preocupava-se mais, não pelo acontecido, mas pela responsabilidade que, tinha a certeza, deveria assumir; não sabia como e quando, porém, sabia que algo lhe seria cobrado, não em dinheiro, mas em conduta.

De modo tímido, é verdade, buscou assumir responsabilidade e, à sua maneira, sem formação mística acentuada suficiente para tirá-lo da condição de místico curioso, cuidava de fazer o que, espiritualmente, chama-se de caridade, sem ostentação. Sentia uma gota de conforto nos momentos em que, procurado por alguém, conseguia, ainda que com um conselho ou pequena explicação, transmitir alento de alívio.

Contraiu matrimônio, formou família e veio a prole. O casamento não foi ato impensado, foi fruto de firme decisão, em idade adulta, para não ter de passar por momentos de arrependimento. É evidente que a linha de pensar e de agir fez com que o casamento de Vitor durasse muito tempo, sem que deixasse de sentir pela esposa o mesmo amor que sentira quando a conhecera.

O quadro até aqui, revelado pessoalmente por Vitor, foi destacado por causa da influência que exerceu na formação dele, sendo certo que caracterizou o modo de vida até a sétima década de vida.

Aos setenta anos de existência, um relâmpago mental aconteceu, seguido de trovões assustadores a anunciarem abalo no futuro daquela metódica pessoa; possibilidade de mudança de vida, justamente de quem sempre agira, despreocupadamente, com as provas da vida. Com o susto ficou preocupado, pois se tratava de sensação estranha nunca dantes experimentada.

Mesmo nos momentos de reflexão, os relâmpagos não cessavam e a tempestade era esperada; com a expectativa o medo, a sensação de insegurança e o estado de alma de frustração absoluta ocuparam seu estado mental.

Vitor sempre fora um matemático espiritual, ou seja, projetava o futuro e acrescentava condicionantes, a fim de formar uma equação cuja solução haveria de ser considerada verdade inexorável.

A bem da verdade, a projeção do futuro de Vitor era feita de modo bastante lógico, sem o que não chegaria a uma conclusão salutar. se a conclusão era verdadeira ou não, não se sabe, mas pelo menos era lógica; considerando que tudo que é lógico oferece certo conforto, esperava conclusão da qual pudesse não se arrepender. E essa conclusão era acerca de toda sua vida e, de repente, da ideia de se aproximar do fenômeno morte, algo que não cogitara antes.

A demonstração científica poderia até contrariar a maneira de pensar de Vitor e fixar a regra de que a morte é inexorável em relação ao ser humano. Vitor, portanto, na condição de ser humano, um dia morreria.

Essa posição científica, contudo não era objeto da preocupação de Vitor. Preocupava-lhe o que poderia acontecer após seu desencarne, não com ele, mas com seus familiares. Assim, antes do evento irreversível, buscara ele o manejo de uma única ferramenta plausível, cuja utilização proporcionasse um sentimento de aceitação da morte, mas sentimento lógico.

No uso da ferramenta mental, partiu da seguinte premissa: o que acontecerá com meus familiares após minha morte diante dos problemas financeiros que surgirão imediatamente?

Se essa questão partisse de outrem, provavelmente diriam o que Vitor já tinha ouvido, mais ou menos assim:

– Cada um resolverá por si o seu problema!

– Deus não desampara seus filhos e, bem ou mal, cada um encontrará a solução!

– A preocupação de quem ajuda é diferente da preocupação de quem é ajudado, mas cedo ou tarde este aprenderá a sobreviver!

Por certo, nessa linha de explicações seguiriam as justificativas, porém, para Vitor, que não sabia se estava certo ou não, a vida se resumia no auxílio dos familiares. Assim pensava Vitor e esse pensamento para ele era um axioma. Anote-se que, sem se pretender formular juízo de valor, parece que esse sempre foi o ponto falho de Vitor, ou seja, fixar algo que pudesse beneficiar o grupo, sem cogitar se o benefício era desejado. No unilateral entendimento dele, Vitor, não havia ponto crítico, mas posição da qual não queria se desligar.

Diante da postura de Vitor como ficaria esta indagação: será que a dádiva, apesar de ser ato de caridade e trazer resultado bom, corresponde ao desejo de quem a recebe, da maneira como foi prestada? Não estaria este a se sentir humilhado?

Vitor se lembrou dos sucessos pessoais ao longo da vida, dos obstáculos que foram transpostos e da posição que galgara e que, de repente, para ele tocaram as trombetas do fim. Viu, com os olhos da alma, a sucessão das cenas da vida, uma após outra, como em um filme, a exibir toda sua trajetória de sucesso. Não conseguia admitir a possibilidade de, abruptamente, ocorrer solução de continuidade para aquelas cenas da vida. Todas se seguiam, de maneira diferente, mas havia um elo que ligava a anterior à seguinte, estabelecendo uma lógica de progresso pessoal sem intenção de constrangimento em quem quer que fosse.

O pensar de Vitor quanto ao desencarne era um pensar que contrariava toda a conduta de vida até então por ele adotada; toda a conduta que não sofrera, em momento algum, interrupção. Por essa razão se sentiu frágil ante a possibilidade de solução de continuidade e desfecho terrível. Indagou a si próprio se não travara, ao longo das décadas, uma batalha de Pirro.

Afinal, depois de tanta luta, depois da certeza de que nunca lhe faltara ajuda, não seria crível que aquela ideia significasse a derrota, o findar de tudo, o ponto final da existência de Vitor. E, mais, com reflexos na segurança financeira da família.

Recompôs-se, no amplo depósito espiritual de ideias que guardara para utilização em momentos como o que passava, e engrenou, como sempre o fizera, um plano para o futuro. Mas qual futuro se a velhice o ameaçava, sem dó ou piedade, com imenso furor?

Pensou e pensou muito. Concluiu que havia necessidade de dar alguns passos firmes, mesmo que sua tranquilidade material e financeira fosse ameaçada; afinal, a morte seria mesmo o fim dessa tranquilidade, então, por que se preocupar com essa situação, se partira da premissa de que o futuro vai além dessa vida material? Além da vida material? Eureka! Encontrara a chave do enigma.

O planejamento foi adotado e firmou a seguinte regra para ser seguida: em primeiro lugar, deixar de gastar dinheiro com coisas que, na fase da velhice, não eram tão importantes como antes, e guardar, de preferência, uma parte em casa e outra parte em poupança bancária, o que fosse possível.

Não foi difícil essa primeira providência, porquanto a razão lhe proporcionara a convicção de que, na velhice, há vontades pessoais dispensáveis: viagens, troca de veículos, restaurantes caros, roupas de moda onerosas, presentes etc.

Segundo passo, tentar se preocupar mais com o progresso espiritual e ocupar seu tempo na busca de esclarecimentos a respeito de como agir diante do desencarne.

O segundo passo dependia somente da coragem de Vitor, porque subverteria toda a ordem por ele adotada na direção de seus atos até aquele momento de reflexão. De qualquer maneira, os dois passos foram dados, a partir do momento em que percebeu que todos os seus projetos dos quais se sucederam as realizações de vida esvaziavam-se; esvaziando-se essas realizações não havia como se admitir a queda das vitórias. Vitor, entretanto, enxergou, com ajuda da espiritualidade, algo que não pressentira antes, ou seja, a mudança que pretendia fazer seria sua grande e derradeira vitória?

Pensou – e pensou muito – e percebeu algo de bom nos dois passos cogitados. Em primeiro lugar, com as economias guardadas, mais o recebimento de outros valores que seriam efetivados por causa de sua morte, seus familiares disporiam de numerário suficiente para as necessidades, no mínimo, por um ano; isso se não ocorresse surpresa em face da inflação, que surge de tempos em tempos.

Quanto ao segundo passo, percebeu que o conhecimento do porvir é muito mais importante do que toda a vida por qual passara. Considerou essa vida como se fosse uma hospedagem em um hotel de veraneio. Hospedagem temporária, porque, necessariamente, por se tratar de veraneio, um dia a pessoa seria obrigada a retornar para casa. Considerou Vitor que ele e todos os seus familiares passariam à condição de hóspedes, logo, hóspedes que também, um dia, retornariam para casa.

A partida de um hóspede, mesmo que seja antes de outro, poderá não ser ato agradável para quem permanece no hotel, porque sentirão a falta daquele que foi para casa. No entanto haverá o lenitivo de que eles, os que ficaram, também um dia retornarão para casa e lá encontrarão quem deixou o hotel antes.

Aos poucos, Vitor tomou consciência de que o retorno para casa era muito mais importante do que a permanência no hotel, porque era em casa que os familiares assumiam responsabilidades. No hotel, ao contrário, tudo era feito de acordo com a vontade de cada um sem compromissos sérios.

Não se soube, porque não foi revelado por Vitor, quanto tempo ficou hospedado no hotel imaginário, ao lado dos familiares, tampouco se revelou de que forma os mesmos familiares permaneceram no hotel.

Algo ficou bem claro: ao cabo de toda a vida humana de Vitor, este conseguira a superação de muitos obstáculos e seguiu, com alguns tropeços, direção adequada, para bem chegar ao fim da estrada. Embora a trajetória tivesse sido bem traçada, certo é que não houve final da caminhada, mas feliz parada para preparação, esclarecimentos e ânimo para a verdadeira e outra caminhada para frequência em outras escolas da vida; assim se espera, porque, a partir de então, Vitor vivera sem o corpo físico e, melhor dizendo, a vida não será Vitor, mas a Alma que se alojou em quem recebeu o nome Vitor. A conclusão, portanto, é que a vida continua.

Ora, se a vida continua em outro plano, em outra dimensão, sem um corpo denso a hospedar o espírito, é evidente que há a necessidade de preparação para tanto, porque a preparação afasta o temor do desconhecido. Se o desconhecido passar à condição de conhecido, por óbvio não haverá temor. Aliás, é de Sócrates a recomendação "conhece-te a ti mesmo". A ti mesmo não significa conhecer o corpo hospedeiro da alma, mas conhecer a alma que um dia deixará o corpo.

Uma vez que, supostamente, morte é ausência de vida, os viventes humanos temem-na. Porém esses mesmos viventes não percebem que morte, de fato, é negação da vida, mas da vida corporal, da vida carnal, não da vida espiritual. O espírito é imortal.

Se temer a morte é temer a cessação da vida biológica, teme-se por algo que não existe, porquanto o corpo físico também não morre; ao contrário, transforma-se em outros elementos físicos. Bem pensada a questão, o temor é gerado por ação mental desenvolvida pelas condições do organismo físico e psíquico.

Se o organismo físico deixar de funcionar, não haverá mais como produzir o temor. E, mais, não existe morte do corpo físico, mas transformação elementar das células e tecidos. Veja-se quão sem lógica é o temor pela morte, mormente se se atentar para o fato de que o espírito é imortal e a imortalidade do espírito não aceita a ideia de morte; não a aceitando, por que falar em temor da morte do corpo se este também não morre e, sim, passa por transformação física? Afinal, temer o quê?

Conforme foi dito, não se sabe o que aconteceu a Vitor, mas certo é que o espírito que ocupou o corpo Vitor permanecerá na condição de imortal.

O curto espaço de tempo do corpo Vitor (se é que ainda não se transformou), durante o qual foi abrigada a alma, serviu para o progresso desta e para a qual o corpo Vitor, após a passagem, não mais interessou.

Senhor Vitor, até breve.

7

A MOÇA QUE RECLAMAVA DEMAIS

Pensamento: *Cristo, ao ser acusado, julgado e condenado, embora Pilatos tivera afirmado sua inocência, em momento algum reclamou da manifesta injustiça contra ele feita. Aqueles que do Mestre reclamam assim prosseguirão, porque cada reclamação é um passo para se distanciar da paz e da verdade.*

A moça era conhecida no seu ambiente de trabalho pelo apelido de Aurita; seu nome de batismo era Áurea. Servia café nas mesas da lanchonete "Flor da Manhã", dispostas cuidadosamente no ornamentado jardim do local de alimentação. Essa atividade lhe proporcionava razoável renda mensal e algum dinheiro na poupança.

Aurita era jovem, bela e, sem lançar mão de produtos de toucador, tinha a tez clara e sobrancelhas bem definidas em maravilhosos arcos uniformes a cobrir os olhos azulados harmonizados com o nariz proporcional aos traços do rosto.

A bela moça tinha pendão para a leitura e se relacionava bem com estudos, em especial espiritualistas. Essa prática lhe trouxe excelentes resultados e confiança na vida futura, sem preocupação com os percalços naturais da vida humana.

A pessoa, como Aurita, que se interessa pela busca de conhecimento sem visar a vantagens materiais e o faz de forma criteriosa e responsável, sem dúvida, torna-se um ícone no grupo em que convive e é admirada por todos.

Aurita, ao se dedicar espontaneamente ao aprimoramento pessoal, conseguiu captar uma verdade que dizia respeito a ela própria, qual seja a verdade de que a lei natural do progresso humano é inexorável. Quem não a respeitar ficará estagnado, sem horizonte do futuro.

A moça conseguiu cultivar a consciência da responsabilidade por tudo o que fazia e, raras vezes, descuidava-se a respeito, e, quando o descuido acontecia, ela própria exercia censura curativa.

As qualidades de Aurita a tornavam pessoa um pouco diferenciada e mais confiável no trato com familiares e amigos, porquanto nos relacionamentos fluíam energias salutares a higienizar ambientes. Contudo todas as qualidades esbarravam em algo desequilibrado, que pairava durante os momentos de retidão da moça: ela reclamava muito de tudo o que acontecia, como se reclamações pudessem solucionar desejos não atendidos.

Uma vez que elementos opostos se repelem, sem condições de união, tudo o que Aurita fazia de bom não chegava, de imediato, a excelente resultado, porque, em oposição, energias negativas das reclamações se contrapunham.

As forças negativas das reclamações pouco a pouco ganharam lugar na vida da jovem e as boas atitudes se comprimiam; o resultado do atrito caminhava para anulação dessas boas atitudes.

Aurita não sabia por que, mas, às vezes, sentia um aperto no peito, acompanhado de sensação de desânimo e frustração, a respeito de algo não conhecido. Nesse estado emocional sentia vontade de chorar, de abandonar todos os projetos de vida e se esconder do mundo. Exatamente nesses momentos errava na escolha do remédio. Em vez de refletir a respeito e se apoiar na força da fé ou nos bons pensamentos, reclamava e reclamava. Justificava-se, para si própria, no argumento de que, pelo menos, estava a pôr tudo para fora. A justificativa, contudo, em vez de melhorar o estado emocional da moça, compelia-a a reclamar mais e mais. Nesse momento, quem a conhecia não se atrevia a dizer algo sob pena de ter como resposta ásperas palavras.

Uma vez que gostava de ler, de estudar, de buscar, tentou algo relacionado com o abrandamento do espírito e até que deu certo, relativamente, porquanto dera um grande passo: admitiu que reclamava e que, a rigor, por propriedade do ser humano, reclamações faziam parte da vida de todos. Não deixou de ser um conforto, dado que não era exclusividade dela reclamar das situações, mas havia um porém: reclamava demais e o ponto crítico estava exatamente no "demais". Se reclamar pode ser normal, considerando a limitação do ser humano, reclamar demais certamente não pode ser considerado normal. O "demais" se sobrepõe e aniquila o aspecto bom do comportamento da pessoa, no caso, Aurita.

Áurea, de sua parte, deu um grande passo, não porque aceitou que reclamava, mas porque percebeu que reclamava demais e esta qualificadora a preocupou sobremaneira. Algo devia ser feito para expurgar a mancha "demais" de suas reclamações e, quanto a estas, que permanecessem na esfera da normalidade da pessoa humana.

Em certo dia de domingo, depois de momentos de crise com seu irmão Pedro, conforme será narrado adiante, Aurita resolveu passear no Jardim Botânico para espairecer o espírito e o peso que lhe fora acrescentado na vida, isto é, a consciência plena de que reclamava demais e não sabia como agir.

Sentou-se em um banco do jardim, junto ao lago artificial que representava uma nascente próxima, e lançou para longe seus pensamentos. No momento em que fixava o olhar sobre o vão de duas frondosas árvores, cujos galhos se cruzavam no alto, percebeu a ação de dois macaquinhos saguis, também conhecidos como micos, o menor macaco da natureza, em plena agitação nos galhos. Difícil foi afastar a ideia de que não estivessem brigando por algum alimento. Um deles, mais novinho, recebia pancadas do maior e insistia em tirar deste o alimento. Tantos foram os empurrões que o mico menor decidiu buscar, em outro galho, a alternativa de uma frutinha qualquer para saciar seu desejo de alimento.

Aurita foi estimulada a pensar e a refletir a respeito da cena assistida, cena na qual as agressões sofridas pelo mico menor correspondiam às reclamações que ela fazia a respeito dos empurrões da vida.

Concluiu que, para o sagui menor, de nada adiantou reclamar, mesmo sendo da mesma espécie, quiçá da mesma família. Seu parente não arredava pé, de modo que, enquanto se alimentava, empurrava o parente frágil.

Veio à mente de Aurita, como se fosse uma comunicação disfarçada, a informação de que de nada adiantara para o macaquinho resistir ao que estava a acontecer. A resistência era acompanhada de grunhidos que, naquele momento de reflexão, a moça os equiparou às suas reclamações. Ora, se os grunhidos violentos, acompanhados de tapas e empurrões, não resolveram o desejo de comida solidária, o que pensar das reclamações que costumava fazer a respeito de tudo? E, mais, não eram apenas reclamações, reclamava demais.

Chegou, para Aurita, o momento de assumir toda a responsabilidade e estabelecer, como regra de conduta, o princípio de que patrulharia a si própria para não sofrer o constrangimento do macaquinho que, por nada conseguir, foi obrigado a procurar alimentos que outros macacos haviam dispensado.

É regra geral, no plano da vida espiritual, que se percebe a misericórdia de Deus pela dor, porque o amor, o ser humano o reserva para outros fins e, quase sempre, no saciar de vontades materiais. A dor levou Aurita ao Jardim Botânico e aos macaquinhos. A dor fê-la refletir a respeito do desentendimento com o irmão; por conseguinte, a dor não é somente sofrimento, mas o despertar para o caminho do remédio.

Aurita residia em companhia da mãe e de dois irmãos Júlio e Pedro, com os quais mantinha bom relacionamento, mesmo porque o pai falecera.

Era mais ligada ao irmão Pedro, com quem se associara para exercício de certa atividade econômica, gerida pelo irmão, que tinha muita experiência no tipo de negócio escolhido. O irmão era experiente, porém desprovido de recursos financeiros. Aurita tinha recursos financeiros, mas era desprovida de experiência. O encontro das condições favoráveis fez com que selassem o desejo de realizações no plano econômico.

Pedro era profissionalmente competente, porém dotado de certa insegurança, fator prejudicial se considerarmos que o mundo dos negócios, às vezes, exige arrojo e ousadia. Essa característica do irmão preocupava Aurita, porque o tempo passava e a possibilidade de cessar ou diminuir acentuadamente a fonte financeira era previsível. Com seus botões, Aurita imaginou o futuro preocupante e de fracasso se viesse a faltar dinheiro e sobrar inércia por parte do irmão.

Esse estado de preocupação trouxe o resultado da prática de reclamações, não diretamente contra o irmão, mas reclamação a respeito do que poderia acontecer e, segundo ela, poderia ser evitado se o irmão entendesse a realidade do mundo dos negócios com arrojo. Não afirmava que Pedro estava errado, mas que, para ele, estava a vigorar oportunidade para sua realização. Se perdesse tempo, este passaria e o fracasso era uma realidade e não um pessimismo.

No início, bem que Pedro assimilou a observação de que, ainda, não vestia roupas de reclamações. Mudou alguma coisa no modo de administrar os negócios, mas sempre na linha do excesso de cautela, de muitas suposições e sem aquele arrojo que se fazia necessário e que era o desejo de Aurita.

Pedro continuava lento no seu modo de administrar o negócio; em sentido oposto, Aurita era rápida em formular novas reclamações. A cada reclamação, Pedro guardava um ponto, que se somava a outro, a outro, com a consequente geração de um monstro adormecido.

Um belo dia, Aurita solicitou a Pedro algo de somenos e percebeu certo semblante de reprovação por parte do irmão. Porque o desejo não era importante, houve, por parte dela, cobrança a respeito do motivo daquele semblante reprovador. Foi o quanto bastou para eclodir, de lado a lado, as rusgas acumuladas, e o relacionamento explodiu como uma bomba dentro de uma garrafa. Os irmãos já não se reconheciam como tais e cada um caiu no valo da desilusão, da frustração e do desespero, sem horizonte azul; ao contrário, era negro.

Esse fato abalou a ambos, contudo, quanto a Aurita, completamente arrasada, pôs-se a buscar uma luz no fim do túnel, um ponto de sustentação para que pudesse sentir segurança no porvir. Tinha ela absoluta certeza de que, por parte do irmão, o rancor não seria facilmente amainado. A mágoa dele dificilmente seria afastada e já sabia Aurita que a própria vida do irmão seria abalada no relacionamento com outras pessoas. Ele sentia-se humilhado, desprezado e abandonado por todos.

Aurita, sem saber o que fazer, desejava ficar só, e daí sua ida ao Jardim Botânico, conforme foi dito linhas atrás.

Retomando os momentos do passeio triste, às cenas dos macaquinhos, há que se considerar o que, naquele local florido, aconteceu.

A moça refez, em breve lampejo mental, seus atos passados, e fixou-se nas reclamações; concentrou-se na verdade de que reclamava demais. Comparou as reclamações à insistência do sagui menor e concluiu que, para o animal, os atos haviam sido inúteis. Percebeu que suas reclamações também tinham sido inúteis e os efeitos produzidos eram os piores possíveis, visto que o desfecho fora a quebra de amizade e amor entre ela e o irmão Pedro.

Quanto ao sagui, tudo bem, dado que é animal irracional e do fato não guardará rancor. Anita e o irmão, diferentemente, eram considerados racionais e, por essa condição, guardaram rancor. Mas seria racional guardar rancor? Seria racional guardar rancor porque reclamava demais?

A jovem meditou muito, com vontade de encontrar solução para o impasse. Pressentiu uma saída, aliás, única saída: deixar, imediatamente, de reclamar demais e, melhor ainda, tentar não reclamar em hipótese alguma. É verdade que esta segunda opção é particularmente difícil se se levar em consideração a natureza humana das pessoas; contudo, não era difícil tentar pô-la em prática ou, na pior das hipóteses, exercer ato de autopatrulhamento quanto às reclamações.

Desnecessário dizer que houve mudança, mas não inteiramente, por causa da natureza humana, entretanto, o que conseguiu foi suficiente para se vislumbrar a existência de um caminho, estreito, é verdade, espinhoso, é verdade, mas um caminho que podia ser trilhado porque não se comparava à via crucis do Mestre – que sofreu sem reclamar.

O resultado louvável, a grande lição que de si própria extraiu é a seguinte.

As reclamações primeiras são acolhidas e consideradas pelo interlocutor, tanto que, em regra, nota-se manifestação de solidariedade.

As reclamações, se reiteradas ao mesmo interlocutor, já não são recebidas da mesma maneira e, sim, com desconfiança de que o reclamante quer dividir o peso que é somente dele.

As reclamações, se continuadas ao mesmo interlocutor, este, com certeza, procurará escapar da conversa, dado que, para o interlocutor, o reclamante se transformara em pessoa desagradável e incômoda.

Em face da realidade aqui considerada, o melhor a fazer em situações tais é, de fato, o autopatrulhamento das ações do cotidiano e carregar o peso das provas da vida, visto como estas são de incumbência da pessoa e não das reclamações. O procedimento faz parte da reforma íntima por meio da qual serão mantidos os vínculos de família e, o que também é relevante, não se perderão amigos.

8

BREVE NAMORO E DURADOURA PAIXÃO

Pensamento: Há situações criadas em razão das vontades relacionados ao corpo humano, físico, que bloqueiam a necessidade fundamental de elevação do espírito. O ser humano, em regra, aceita a prisão temporária do corpo, com muito sofrimento, e rejeita a liberdade plena do espírito envolto em alegria.

Em meados do mês de abril daquele ano de 1926, às vésperas da primeira Constituição libanesa de maio de 1926, Adib Houss, cristão maronita libanês, abriu à lembrança a imagem de Laura Vitul. Moça cativante, de inteligência rara e decidida quanto ao que desejava.

Com ela, Adib frequentou o curso religioso dos maronitas e chegou a propor um relacionamento de compromisso, que não aconteceu porque, ambos, já estavam compromissados e o costume não autorizava sequer pensar em transgressão. Mas Laura permanecera no íntimo de Adib como a grande mestra da vida. Terminado o curso, separaram-se e não mais se encontraram na trajetória da vida.

Em um dia cinzento, muito tempo depois, a imagem de Laura veio à mente de Adib, porque ela desencarnara muito jovem e o fato acarretou profunda tristeza nele. Apesar de não tê-la reencontrado, direcionamentos da espiritualidade revelaram o desencarne e, então, sentiu profunda tristeza. Por essa razão, naquele mês de abril, mês do aniversário de Laura, lembrou-se dela. Lembrou-se do fato que impediu de tê-la como esposa, isto é, o compromisso com outra moça, com quem veio a se casar; casamento que nunca apagou a imagem e o perfume da doce Laura, conforme se narra adiante.

Adib, na origem, era filho de libaneses que professavam a religião cristã maronita. Viveu alguns anos sob o regime Monte Líbano e, depois da independência política, ele viveu no mesmo regime de antes.

Herdou de seus antepassados o inflexível costume de que as posses pessoais mais afortunadas são a honra e o nome; sem essas qualidades não há dignidade da pessoa humana. Violar o costume significa comprometer a família e Adib adotava esse princípio com todo o rigor.

Ao se lembrar de Laura, seu segundo amor, foi conduzido à lembrança daquela que foi seu primeiro, único e grande amor e do qual não esquecera jamais, conquanto fora abalado pela companhia de Laura.

O primeiro e lancinante amor, que transformou o jovem puro em pré-adulto, foi a bela, cativante e envolvente Mailun. Jovem egípcia, alegre e, sorridente, com irradiação de esperança e olhos amendoados de cor negra, que se tornavam parceiros dos lábios grossos e muito bem contornados. Convite para beijos apaixonados.

Quando Adib contava com 13 anos de idade, tinha o hábito de visitar sua tia em uma aldeia aconchegante. No caminho que levava à casa da tia havia uma casa de esquina, na Ladeira do Lírio, com uma pequena varanda. Nessa parte da casa, certa feita, viu duas meninas, aproximadamente com 9 e 10 anos, brincando alegremente.

Sem querer, fitou os olhos em uma delas e sentiu intensa atração, embora soubesse ser impossível dirigir a palavra à bela menina. Esse fato marcou Adib e, sempre que visitava a tia, lembrava-se da fisionomia da atraente menina que, com o tempo, transformou-se na linda Marilun.

O tempo passou, ambos tornaram-se jovens e, por arranjo do destino, aceitaram-se como namorados. Foi tão intensa a atração e o romance que estavam dispostos a quebrar a tradição de seu povo e se considerava pronto para o que lhe fosse pedido por Mailun, com quem esperava viver para todo o sempre, até que a morte os separasse.

Se o casamento tivesse que provocar rompimento dos costumes libaneses, mediante opção aos costumes egípcios, assim o seria e assim aceitaria Adib, visto que, para ele, acima de tudo estava Mailun.

A moça, ao que tudo indica, correspondia, à sua maneira, com os anseios do namorado. O namoro não fugira ao costume egípcio: passeios, frequência na casa da moça, gestos cordiais com os familiares para angariar simpatia e aprovação e assim por diante.

Os pais de Mailun não agiam com rigor excessivo quanto aos desejos da filha, mas também não descuidavam do patrulhamento de ambos os apaixonados. A vigilância era permanente e, se o casamento dos noivos acontecesse, estes suportariam grande soma em dinheiro.

Vez ou outra Mailun expunha sua opinião a respeito do relacionamento então vigorante e dos elos que a prendiam à família e, nesses momentos, sentia certa insegurança; contudo, os repentes de insegurança eram superados entre atos de carinho e beijos.

Adib, mesmo disposto a não levar a tradição libanesa com todo o rigor que lhe é própria, escondia pontos de ciúme e temor quanto a perder o vínculo de preferência com a namorada. Aqui a tradição de seu povo falava mais alto e vinha-lhe à mente a lição recebida, qual seja um nome a zelar; e nome, para Adib, era o fundamental patrimônio, isto é, todo o lastro moral do ser humano.

Já em relação à Mailun, prevalecia a tradição e costumes dos pais, porém, de maneira bastante flexível. Segundo a tradição, o ideal seria escolher um membro da família, um primo distante, e já existia pretendente para tanto, de nome Amon, o qual não sofria rejeição alguma por parte de Mailun. Entretanto Adib foi aceito. Durante o tempo de relacionamento amoroso, nada soube a respeito desse pretendente.

Quando adolescentes, Mailun e Amon nutriam alegria em brincarem juntos e se sentiam felizes um ao lado do outro. Não havia, naquela fase, o despertar do amor, mas a alegria da companhia. O tempo passou, ambos se tornaram jovens e surgiu na vida da moça a figura alegre, simpática e promissora de Adib. Amon, de sua parte, mudou-se para uma aldeia vizinha.

Durante algum tempo, ambos, Adib e Mailun, foram felizes, mas, a interferência velada da mãe, apoiada pela indiferença do pai, aos poucos aproximou Amon do íntimo convívio da família e, consequentemente, da prima. O primo frequentava a casa dos tios e o fazia com assiduidade e liberdade, ante ao fato de que Adib, que morava bem mais distante, visitar a noiva apenas três vezes por semana. Nos dias de sua ausência, presente estava o primo Amon, a cativar, pouco a pouco, com apoio da tia, a dividida Mailun.

Dividida entre o primo, Adib e a influência da mãe em prol daquele, resolveu aceitar a orientação materna. Ademais, no íntimo, Mailun construiu a desculpa de que mãe é pessoa experiente, sábia e sempre a melhor conselheira da filha; por essa razão natural, sabe exatamente o que é bom para ela.

A princípio, a respeito do amor, Mailun permaneceu dividida entre Adib e Amon. Era uma forma provisória de aventura; inconsequente, é verdade, porém, ou, na pior das hipóteses, a única oportunidade para tomar a decisão correta.

Quem sabe se, durante esse estágio, não se confirmasse quem seria o melhor marido, afinal, Adib ainda não a havia conquistado integralmente; quem sabe não seria melhor optar por um futuro mais seguro, na pessoa do primo, em quem sentia objetivos já definidos e de plena confiança da família; quem sabe não seria imprudente arriscar o futuro com Adib. Ponderava intimamente que a escolha era fundamental, pois, depois de casada, não poderia remediar eventual frustração.

Adib, de sua parte, nada desconfiava. Seus pensamentos estavam longe: giravam nas promissoras imagens de um oásis de amor farto e promissor, sonhava com o futuro casamento e nutria firme propósito de convivência feliz, da qual, por certo, surgiriam filhos maravilhosos.

Apenas uma preocupação cutucava seu ser: o padrão de comportamento de Mailun quanto à certeza de que desejava liberdade extrema, que, para Adib, não vestia bem a conduta de uma esposa. Essa questão, para o jovem, estava fora de cogitação, a não ser que essa liberdade fosse objeto de consentimento dele e, ainda assim, fosse gozada em sua companhia. Nesse impasse prevalecia aquela ponta de ciúme mencionada e que atrapalhava um pouco o relacionamento. É evidente que foi nesse impasse que Mailun se apegou para encontrar justificativa de sua decisão em favor do primo.

Foi exatamente nessa dúvida que Mailun se agarrou para a opção que tomou. Não que desejasse ser livre plenamente, já que essa liberdade contrariava toda a educação recebida e a tradição de seus antepassados. Mas era a única ferramenta de que dispunha, no momento em que já pendia para a pessoa do primo oportunista do que para o lado de Adib.

O relacionamento entre a jovem e Adib perdeu o calor intenso e as águas do riacho não mais corriam no leito amoroso. A cada dia minguavam e as pedras do fundo do riacho apareciam, pontiagudas. Sequer a possibilidade de amizade estava em pauta.

Adib, tomado pela realidade, percebeu algo de estranho no namoro; já era tarde demais. Mailun optou em se entregar definitivamente ao amor do primo e este, apoiado pela tia e mãe de Mailun, concordou em aguardar o dia do rompimento do namoro que lhe atrapalhara o relacionamento. Aceitou ficar no aguardo sem esconder algo de orgulho, de vitória e de vencedor. Mailun seria sua esposa para todo o sempre; quanto a Adib, afinal, cuidava-se de estranho na família, ele que procurasse outra pessoa e estava resolvida a questão.

Adib trabalhava tranquilamente no escritório de sua empresa quando recebeu ligação telefônica de Mailun, fato raro, convidando-o a ter uma conversa importante e, de preferência, em casa, naquele mesmo dia, ainda que não fosse dia de namoro. Adib, sem desconfiar e supondo que algo relacionado com o casamento poderia surpreendê-lo no aspecto feliz, sem perder tempo deixou seus afazeres e rumou, às pressas, para a casa da amada.

Aquele parecia ser um dos dias mais felizes do moço e os minutos que antecederam a visita foram de plena alegria. Brincava com os movimentos dos ponteiros, adiantando-os para que o tempo passasse mais rápido, e o sorriso fluía como o de uma criança que recebe um presente desejado.

No horário por ele prometido, lá estava ele, no portão da casa de Mailun. Sentia tanto carinho por aquela casa, por aquele lugar. Para ele, era a reprodução de um castelo. Por ela foi recebido com educação e, em vez de convidá-lo a entrar, solicitou que a acompanhasse porque estava ela a caminho da cidade em que residia Adib, mas para tratar de um assunto particular.

Adib nunca soube qual era o assunto, tampouco o que a levara a viajar, mas se sentia bem ao lado da amada e, naquele momento, aumentara seu interesse pelo mistério.

A viagem ferroviária não demorou muito, mas o suficiente para, acomodados em uma poltrona do vagão do trem, com alguns passageiros por causa do horário, iniciaram, ou melhor, Mailun iniciou o diálogo, de maneira direta, objetiva e sem rodeios. Resoluta e autoritária, ditou a impossibilidade de continuar o namoro. Teceu considerações forçadas, porque se valeu de pequenas coisas para criar uma montanha de desculpas.

Dentre as justificativas, mencionou sua preocupação com o futuro e ponderou que não sentia segurança nos projetos apresentados por Adib quanto à constituição de família. Pintou um perfil humilhante do pobre moço e contrapunha o sentimento, supostamente bondoso, dizendo que gostava muito dele, mas não o queria como marido, pois temia o futuro.

É evidente que o resultado do assédio do primo, as investidas da mãe e a neutralidade do pai surtiram efeito em favor do primo. E, assim, qualquer desculpa, qualquer argumento, tudo era válido para descartar Adib. De fato, naquele momento não se percebia um mínimo de consideração pelo moço; o que dizer do amor?

Adib ficou pasmo e sentiu o peso do mundo sobre sua cabeça. Não sabia o que fazer para salvar o namoro. Humilhou-se e prometeu mudar ou fazer tudo o que Mailun quisesse, apenas não queria ser abandonado, tampouco aborrecê-la. Não percebeu que nada a aborrecia a não ser a presença dele próprio diante da então ex-namorada.

A viagem chegou ao fim e na estação ferroviária de destino da viagem, onde ambos tomariam rumos diferentes, com lágrimas nos olhos Adib aceitou a realidade e, com um último aperto de mão, despediu-se de Mailun, de quem não sentiu qualquer calor. Sem ter o que dizer, Adib teve forças de confessar que Mailun fora seu primeiro, único e eterno amor. Tê-la ia no coração para sempre. Com descaso, ouviu a seguinte resposta: "Não seja bobo. Deixa isso pra lá!".

Mailun partiu na direção oposta à de Adib. Ele caminhou um pouco, mas a dor profunda do amor perdido fê-lo parar e se voltar, talvez na tentativa derradeira de arrependimento por parte de Mailun. Parou, porém, tão somente para confirmar que ela não o queria mais. Seguia ela resoluta até que, ao dobrar uma rua, sua imagem se perderia para todo o sempre.

O moço tentou se animar, mas foi em vão. Seguiu seu caminho, em sentido oposto, com vontade de que fosse o derradeiro caminhar. Preferia morrer a perder Mailun, mas o que fazer se as coisas não tinham acontecido de acordo com a vontade dele?

Sem ter como resolver o impasse, Adib afastou-se e fez juramento de que jamais outra mulher ocuparia seu coração sob o manto do amor, porque esse sentimento, se não correspondido, era o mais terrível carrasco. Não pretendeu declarar guerra contra as mulheres, entretanto, por nenhuma seria despertado novamente. Se, depois de tudo o que sentira por Mailun, outra mulher lhe propusesse atenção com expectativa de amor, por certo, por parte de Adib, o mais que poderia fazer era fingir amor com o corpo, mas não com a alma.

A partir de então, com o coração dilacerado, viveu com os pedaços que sobraram. Não era mais aquele moço romântico. O trauma foi profundo e despertou uma espécie de busca incessante, uma autoafirmação profissional a qualquer custo. Decidiu se transformar em pessoa importante, superior, e, quanto a romances, a mais fria possível.

Sírios e libaneses começaram a imigrar para o Brasil em fins do século XIX, porque suas regiões de origem esbarraram nas dificuldades econômicas. A família de Adib escolheu a cidade de São Paulo como destino imigratório, fato que, para Adib, era excelente, uma vez que estaria longe dos fluidos da terra em que vivera e onde enterrara seu coração. Afinal, poderia dar início à sua nova trajetória de vida. Não apagaria da mente o amor por Mailun, porém, somente a mente a teria reservadamente e sem que dali saísse para o mundo exterior do corpo humano.

A família Houss, da qual Adib era um dos integrantes, instalou-se na região da Rua 25 de Março, número 53, na região do conhecido mercado municipal. Os familiares instalaram-se com um pequeno comércio de tecidos e confecções.

Mailun e Amon constituíram, em outras plagas, contraíram núpcias, fixaram residência na casa dos pais dela e geraram duas filhas. A casa estava mudada: imensa, de estilo islâmico-árabe, com grande porta de entrada, toda pintada de cor branca com acesso a um grande pátio. Em um dos lados, as dependências das mulheres e, de outro, as dos homens. Assim era o costume no Egito.

Mailun sentia-se realizada e convencida de que fizera a escolha acertada, por isso sentia-se vencedora, dona da verdade e poderosa quanto ao se agarrar no que é certo. O orgulho lhe ocupou o espírito e tudo o que se relacionava a ela era o melhor: marido, filhas, casa, lugar; enfim, riscara do seu caminho a presença de Adib, em relação a quem passou a nutrir sentimento de absoluto desprezo.

Dezessete anos se passaram após o rompimento do namoro. Adib, ao seu modo, conheceu uma moça muito simples, sem muitas aspirações, mas que insistia em permanecer ao lado do jovem que, então, estava desimpedido. Era moça muito nova, sem malícias ou arroubos, e foi aceita por Adib. Contraíram núpcias e, definitivamente, Thais entrou na vida de Adib, ora para com ele ser solidária, ora para fazê-lo sofrer. Os momentos de sofrimento se deram por causa do juramento e do sentimento de Adib quando do trauma que sofrera e das sequelas que ficaram.

Para martelar o coração de Adib, foi o casal residir em um imóvel dos pais dele, na Rua Mauá, bem próximo à Estação da Luz, cujos contornos e barulho das locomotivas martelavam a lembrança da fatídica despedida de Mailun, em outras plagas.

A casa era confortável, arquitetada nas linhas árabe/oriental; vistosos vitrais, torres pontiagudas e porta de entrada de serralheria artística com suntuosidade nos degraus de mármore de Itu.

O próspero comerciante não se contentava com a boa posição social e econômica; desejava mais. No íntimo, de maneira subconsciente, gravitavam sensações de revide e de desprezo em relação à mulher que desprezara seu amor no exato momento em que acreditara estar ela apaixonada.

O sentimento adverso, de vingança, contudo, esvaia-se diante da força do amor que ainda perdurava no coração do rejeitado. Amava-a muito mais, mesmo separado; se, por qualquer razão, ela retornasse, Adib abandonaria tudo, até sua mulher, com quem viera a casar. A intensidade era tamanha que criou a imagem do ex-romance para nunca mais perecer. Assim o fez porque sabia que jamais teria de volta os olhos e os lábios da deusa, mas tinha todo o direito de viver de ilusão, riqueza que ninguém poderia dele roubar, nem mesmo Thais.

Decidiu fazer um curso de administração de negócios e aprimorar-se nos idiomas francês e inglês, sem prejuízo do idioma árabe, que conhecia e falava muito bem.

O momento era oportuno porque, no fluir da Segunda Grande Guerra Mundial mais as mudanças econômicas e políticas da época, em especial nas regiões que conhecia bem, Líbano e Egito, o tino comercial de Adib sinalizava para um futuro promissor.

Conseguiu a conclusão do curso universitário na área de economia, finanças e relações internacionais, e as oportunidades imediatamente se abriram, dentre as quais um importante cargo público, no setor do comércio exterior, que lhe proporcionou a indicação de Adido Comercial no Egito.

Por acerto familiar, viajaria para o Egito, já livre da pressão do nazismo, e se instalaria no Cairo, cidade onde morava Mailun e sua família. Dela, Adib não tinha notícias e sequer sabia que naquela cidade, na casa da tia de Amon, a família da ex-namorada residia.

A atividade assumida se desenvolvia naturalmente e o sucesso abria portas alvissareiras para o dedicado executivo, até que, por encontro de linhas da vida, deu-se a reaproximação dos ex-namorados.

Encontrava-se ele na ampla sala do suntuoso edifício de linhas arquitetônicas tradicionais, com janelas amplas, fechadas de vidros coloridos, mas que permitiam a visualização daquelas torres góticas de 100 a 150 metros de altura, das abóbadas e cúpulas suntuosas e dos alto-falantes que serviam para a chamada dos fiéis num determinado momento do dia, para a reza que acontecia nas ruas, com paralisação de qualquer atividade, especialmente o comércio.

O telefone tocou, Adib o atendeu e, do outro lado, a voz feminina inconfundível para ele – era Mailun. Surpreso e emocionado, respondeu com gentileza, porém, com muito esforço conseguiu esconder a volta feliz ao passado e o sentimento de felicidade. Mailun percebeu a reação do ex-namorado, porque, ferido pelo tempo, trazia com ele a dor de ferida que não fechara no seu íntimo. Sentiu esperança, sem saber a respeito de que, e esperança, alegria e reabertura da flor do amor.

Após identificação e, fingindo surpresa pela ligação telefônica, ouviu a explicação no sentido de que Mailun folheava um jornal e, por acaso, vira uma entrevista do ex-namorado a respeito de projetos comerciais que envolviam o Egito e o Brasil, e que o acaso teria despertado a lembrança do moço, por esse motivo sentira desejo de revê-lo para conversar.

Com temor de reabrir feridas, mas esperançoso, Adib procurou conter o entusiasmo e de maneira propositalmente um pouco fria, colocou-se à disposição para conversar. Exagerou, em autodefesa, ao dizer que era muito ocupado, mas que poderia recebê-la se não houvesse proibição do marido. Mailun sorriu e deixou escapar uma ponta de sua liberdade ao dizer que ela decidia o que desejava. Então ficou acertado que Adib aguardaria oportuna visita ao seu escritório.

Que imensa alegria e felicidade Adib sentiu com aquele contato. Não cabia em si e num gesto de mágica apagou todo o período de separação desde o rompimento do namoro até aquele dia. Sentiu-se novamente ao lado de Mailun. Nada mais lhe importava: família, filhos, pais, lar, enfim, tudo podia ser colocado de lado. Importante era Mailun.

No segundo dia do contato lá estava Mailun, no escritório de Adib, com a forte presença e sinais de pouca mudança quanto ao sorriso, à maneira de se trajar e o inesquecível olhar com traços egípcios em contraste com os carnudos lábios levemente pintados.

Conversaram muito, porém, Adib, um pouco temeroso, resistia, e assim se manteve até que não conseguiu se conter e convidou Mailun para um chá, em local próximo, no que foi prontamente atendido. Todo o passado lhe voltou à mente e o fez de forma tão intensa que o pobre moço não tinha noção do perigo que corria.

Não importava a ele se o desejo de Mailun era ou não uma aventura; desejou, sim, o contato íntimo com aquele corpo cujo calor não tivera oportunidade de sentir, por profundo respeito, nos idos do namoro.

Adib conseguiu um apartamento pequeno, aconchegante, bem decorado e, a partir de então, entregou-se de corpo e alma à moça. Esta, por seu turno, ao constatar que o ex-namorado não era a frágil pessoa que ela supunha e, sim, homem de firme personalidade e vencedor, mormente nas finanças, também se entregou a ele.

Brotou em ambos um desejo tão louco, tão íntimo, como nunca ocorrera no passado, em que tudo não ia além de beijos.

Amaram-se perdidamente como nunca. Adib estava realizado e nada mais lhe era importante. O convívio secreto perdurou por quase dois anos, de modo que ele teve condições de conhecer a intimidade da moça e ela teve oportunidade de conhecer a intimidade do rapaz. Mas os tempos estavam mudados: Adib a amava, mas não alimentava mais, em seu espírito, o ciúme de namorado apaixonado que se sente rejeitado por causa de outro pretendente de sua amada. Afinal, ela era casada e entregara-se a outro; ela, por seu turno, passou a ter ciúme do rapaz e de seu sucesso pessoal.

Amon, seu marido, não progrediu na vida e a administração da família ficou a cargo de Mailun. E ao mesmo tempo em que não havia se expandido como pessoa, Amon distribuía grosserias e se comportava como um troglodita com a mulher que arrebatara de Adib.

No momento em que Mailun comparou a realidade e percebeu sua má escolha ao buscar a situação anterior, esqueceu-se de que muita coisa havia acontecido durante o tempo de separação dos ex-namorados. O reencontro, apesar de feliz, não lhe dava o direito de sentir ciúme da família de Adib ou de exigir posições que, a rigor e por causa da forte personalidade do moço bem-sucedido, não seriam tomadas. A realidade, ao menos para Adib, naquele momento, era de manter status de amante.

Adib sentiu os efeitos dos atos de ciúme e reagiu com forte decisão, calcada na realidade, na dor que levara com ele durante anos, do amor que devotara sem ser correspondido e da leviandade com que aceitava o reencontro. Esses efeitos, aos poucos, acertavam os pensamentos do então amante e já nascia uma ponta de decisão, voltada ao rompimento definitivo; não rompimento material, isto é, cada um no seu canto, mas rompimento com a herança que Adib alojara em seu coração. Estava na hora de jogar tudo fora e felicitar o passado pelos bons momentos, mas sem qualquer sofrimento em relação ao que fora.

Um choque abrupto, em um desses momentos de ciúme, atingiu Adib, que, como em um passe de mágica, retornou à realidade e refletiu racionalmente. Pensou consigo.

– Afinal, o que eu pretendo? Pretendo mudar uma realidade, sob o argumento de amor profundo?

– Amo-a, sim, mas, agora, com plena consciência de que nada está além de relacionamento carnal. No meu íntimo sinto que devo seguir minha vida, permanecer na estima de Mailun, porque foi meu grande amor, porém, esse grande amor chegou ao fim.

– Enxergo agora, no meu coração, a cicatriz terrível, porém, sem atingir as batidas que revelam tudo o que aprendi na vida. Tristes foram os dias, mas, com resignação, consegui superar e elevar meu espírito.

Com essa maneira de pensar, nova, engendrou uma providência racional, que não trouxesse mágoas, traumas ou decepção à moça, a respeito da qual, então, nutria profundo respeito, já que não havia ódio algum a reinar. Essa providência já estava traçada e não cabia contestação, porque era uma realidade, ou seja, seu retorno ao Brasil.

Conversou muito com sua amante, mostrou o quanto fora feliz durante esse período de tempo, mas o dever impunha seu retorno. Aproveitou e disse a ela que a situação havia mudado. Fosse ele o mesmo moço de antigamente, sem muita cultura e com profissão modesta, talvez insistisse para ficar em companhia de Mailun, então, mais dotada de cultura, porém, afirmou ele, o tempo o levara aos estudos, à assunção de compromissos e ao progresso profissional, portanto, não podia parar.

A moça entendeu e sem condições ou argumentos para impedir a realização, porque também percebeu sua responsabilidade perante sua família, jurou a Adib que o amaria para o resto da vida e aceitaria a condição de ele permanecer em companhia dos seus. Ela, de sua parte, com muito sacrifício e sem amor ao marido, permaneceria fiel a ele e às duas filhas, aceitando o fato como castigo.

Confessou, por derradeiro, que fora egoísta, que agira com desprezo em relação a Adib, e, por ter agido no furor de sua vontade estritamente material, não podia, naquele momento, alterar as consequências por ela ocasionadas voluntariamente.

Num longo beijo e lágrimas nos olhos, despediram-se, e Adib retornou ao Brasil. Interessante que deixou a carga que carregava havia quase vinte anos, em seu coração. Sentiu-se aliviado e concluiu que se tivesse contraído matrimônio com Mailun não teria dado certo e, provavelmente, estariam separados. Melhor fora, portanto, a experiência desses dois anos.

Outras décadas se passaram e ambos tornaram-se idosos. À distância mantiveram bom relacionamento para diálogos, porém, sem qualquer compromisso e sem prejuízos de se avivarem lembranças felizes. Apenas palavras de conforto, mais da parte de Adib para Mailun que, na derrocada de sua trajetória, suportando as enfermidades dos anos, assumiu seu desatino. Segundo ela, restaria apenas a esperança da vida após a morte quando, então, se permitido fosse, reencontraria seu amor em outra dimensão, sem as expiações do passado e as provas do futuro. Não amor carnal, mas amor espiritual, ditado pela afinidade, o verdadeiro amor.

Certo é que Amon não conseguiu dar a Mailun o amor verdadeiro que somente Adib poderia fazê-lo, porém, tinha pleno conhecimento dessa circunstância porque, mesmo querendo, Mailun não conseguiu esconder o ímpeto. A vida de ambos foi um tormento sem solução e, embora casados, viveram separados de espírito na mesma casa.

Certo é que Thais, mulher de Adib, também sabia do grande amor, porque tentou demover do coração dele o grande amor que sentia e pretendeu receber esse amor. O casamento deles também esbarrou nos tormentosos desencontros espirituais, mas perdurou porque há razões que a própria razão desconhece.

E assim termina a narração de um grande amor material que, por seguir caminhos misericordiosos de Deus, doloridos, permaneceu íntegro no plano meramente espiritual, onde não há algozes ou vítimas.

As considerações que adiante serão expendidas devido ao caso verdadeiro que envolveu Adib e Mailun e que nos foi ditado em momento sublime do plano espiritual, tem por escopo registrar explicação que, no mundo puramente humano, nem sempre são compreendidas.

No plano da vida humana não se pode afirmar com segurança que tudo o que envolve as pessoas começa com o nascimento e acaba com a morte. Essa ideia é falsa, porque não explica as diferenças que existem entre as pessoas; diferenças de conhecimento, de saúde, de riqueza, de comportamento e assim por diante.

Ao menos há lógica na fórmula ação e reação, ou melhor, causa e efeito. Toda causa produz um efeito, o qual perdura e não se esvai com a morte. Portanto não é estranho admitirem-se os seguintes axiomas:

Se o corpo anima-se por ação da alma, a alma não é o corpo, mas deste se vale.

Se a alma é imortal e o corpo se transforma com a falta de alma (morte), o corpo é mortal e limitado.

Se a alma, que anima o corpo, realiza a vida, qualquer corpo humano pode ser objeto dessa realização ao longo dos séculos.

Se há causas presentes, no corpo humano, há causas passadas, em outro corpo humano, sem que a alma seja diferente.

Em conclusão, a lei natural da reencarnação é de rigor, para prosseguimento das linhas que vêm adiante, sob pena de tudo o que for dito não alcançar o objetivo pretendido pela espiritualidade.

Se no espírito do leitor pairar restrição a respeito dessas condições, as considerações não servirão de explicação ou de aceitação e o melhor é não prosseguir na leitura.

Nas questões ordenadas por Allan Kardec e transmitidas pelo plano espiritual, em *O Livros dos Espíritos*, obra fundamental da codificação da doutrina, a partir da questão 399, o foco está direcionado ao fenômeno da reencarnação. A propósito do assunto, escreveu-se o seguinte:

> "Mergulhado na vida corpórea, perde o Espírito, momentaneamente, a lembrança de suas existências anteriores, como se um véu as cobrisse. Todavia, conserva, algumas vezes, vaga consciência dessas vidas, que, mesmo em certas circunstâncias, lhe podem ser reveladas. Essa revelação, porém, só os Espíritos superiores espontaneamente lha fazem, com um fim útil, nunca para satisfazer a vã curiosidade".

> "As existências futuras, estas, em nenhum caso, podem ser reveladas, pela razão de que dependem do modo por que o Espírito se sairá da existência atual e da escolha que ulteriormente faça".

> "O esquecimento das faltas praticadas não constitui obstáculo à melhoria do Espírito, porquanto, se é certo que este não se lembra delas com precisão, não menos certo é que a circunstância de tê-las conhecido na erraticidade e de haver desejado repará-las o guia por intuição e lhe dá a ideia de

resistir ao mal, ideia que é a voz da consciência, tendo a secundá-la os Espíritos superiores que o assistem, se atende às boas inspirações que lhe dão".

"O homem não conhece os atos que praticou em suas existências pretéritas, mas pode sempre saber qual o gênero das faltas de que se tornou culpado e qual o cunho predominante do seu caráter. Bastará, então, julgar do que foi não pelo que é, mas, sim, pelas suas tendências".

"As vicissitudes da vida corpórea constituem expiação das faltas do passado e, simultaneamente, provas com relação a recompensas do futuro. Depuram-nos e elevam-nos, se as suportamos resignados e sem murmurar".

A doutrina reencarnacionista não dissocia sua linha teórica da linha da teoria dos processos cíclicos da natureza, mormente no que tange à lei universal do progresso. A teoria dos fenômenos espirituais (espiritualidade) não teria o menor sentido, tampouco lógica, sem vínculo a outra, a teoria física (a materialidade).

No que interessa à vida que se instala no corpo humano, há uma condição de possibilidade relacionada à adequação química dos elementos celulares de reprodução, da formação dos tecidos e da estrutura do corpo; é a harmonia orgânica e mental de um corpo humano.

Quanto à vida espiritual, cujos elementos corporais não são densos como os do corpo humano físico, a condição de admissibilidade é a existência de fluído cósmico, propulsor da vida material, sem que pereça no tempo, como acontece com permanência do corpo humano na Terra. A vida espiritual no invólucro denominado perispírito, encaixa-se mais na aceitação de uma entidade imortal, por causa da plena vigência da lei universal e cósmica do progresso; lei inexorável, porquanto, no ciclo natural da espiritualidade, não se cogita de estagnação, há que se avançar sempre no aprimoramento em busca da Verdade Divina.

Assim, há que se admitir anterioridade do fluído espiritual, independentemente do fenômeno denominado corpo humano, mas relevante para acoplamento do perispírito equipamento humano (o corpo físico), porque a simbiose é indispensável ao progresso, não somente da espécie humana como tal, mas porque esta, sendo o invólucro do perispírito, propicia também a ele a realização do progresso.

Por via de consequência existem ciclos naturais nas moradas de Deus no cosmos, onde se realizam as entidades fluídicas, não densas, para o fim do aperfeiçoamento.

Se dois enfoques podem ser dados acerca de fenômeno recíproco, corpo/alma, mesmo considerando que cada elemento tem suas características próprias (o corpo-mortal/e a alma imortal), a questão relevante está em se aceitar ou não a maneira pela qual acontece a simbiose, isto é, a reencarnação.

Cristo, durante sua vida apostólica, viu-se obrigado a falar, a ensinar e a orientar por meio de simbologias ou parábolas, dado o baixo grau de entendimento do povo para o qual se dirigia. O grau de profundidade de suas palavras afastou e afasta até hoje qualquer tentativa de interpretação literal do que foi ensinado. De sua maneira Divina legou, para reflexão, este conselho: peça e receberás, procura e acharás, bata e a porta se abrirá.

Pois bem, quanto à reencarnação, como se disse, há quem não a aceita, mais por falta de compreensão do que convicção, essa pessoa navega no mar da ignorância e da cegueira. Um cego não pode dirigir outro cego, para evitar queda no precipício, pois ambos cairão. Basta atinar para o ensinamento de Cristo, e qualquer pessoa de coração limpo, de boa vontade e que tiver olhos de ver, verá, na recomendação do Mestre, que pedir com devoção é algo Divino.

Qualquer local de prece, em há reunião de pessoas, é local que propicia momento de pedir, com humildade, sem o quê não se poderá exigir dádiva, sem o quê não se saberá o que se procura. Local de prece não é festa de convidados, mas acolhida de quem, por seu livre-arbítrio e humildade, decide buscar alívio para sua carga, para seu jugo ou mesmo para os momentos que entende ser momentos de sofrimento.

Assim é a reencarnação. Não há convite para comparecimento ao ato que demonstrará a reencarnação ou que servirá de discussão a respeito. Há consciência de sofrimento sem explicações e a possibilidade de se pedir, de se procurar respostas e de se encontrar a porta aberta para as explicações.

Os doutrinadores da ciência espírita, apoiados nas comunicações do plano espiritual, fazem referência a três categorias amplas de reencarnação, de acordo com o critério do grau de evolução dos perispíritos reencarnantes e do local em que o fenômeno deverá acontecer.

Há pessoas que, ao longo da vida reencarnada, exercitam o livre-arbítrio nas atitudes estritamente carnais, de sorte que o elemento material se sobrepõe ao elemento espiritual, alijando a possibilidade de refino ou de aprimoramento.

Todos os seres humanos dispõem de livre-arbítrio e, como o nome diz, são livres para a escolha do que melhor consulte aos seus interesses. Se os interesses nascerem da vontade de satisfação das necessidades carnais, é livre para a busca da satisfação.

Ao contrário, se os interesses nascerem do desejo de aprimoramento moral, cuja fórmula está nas palavras de Cristo, também é livre para buscar o aprimoramento, desta feita espiritual. O fim do caminho escolhido mostrará a beleza ou a tristeza do lugar a que chegarem.

Os encarnados que não exercitaram o livre-arbítrio na direção do bem, obviamente, como todos, desencarnarão, porque esta é a lei da vida humana. Porém, no momento do desenlace, oportunidade em que o perispírito deixa o invólucro corporal, a liberação do corpo será o caminho para a prisão do perispírito, a vagar na crosta terrestre.

Assim sendo, aqueles que, quando do desencarne, não deram, ao perispírito que se hospedou em seu corpo humano, oportunidade para o aprimoramento, e não a deram porque, por ato livre seu, provocaram a prisão da entidade às vontades terrenas, ficarão sabendo que não fizeram bom uso dos talentos que Deus lhes deu e, de algum modo, deverão fazer o resgate. Resgate que somente pela reencarnação poderá ser feito.

Com o desencarne, é óbvio que esse perispírito será erraticida, ou seja, ficará preso às vontades terrenas, às quais se acostumou, sem que tenha consciência de que já não está hospedado nas dependências do corpo humano que se transformou em pó. Há, pois, que se cumprir, de alguma maneira, a lei do esclarecimento, ou seja, da evolução natural, também no plano espiritual.

Mas há quem, na vida carnal, buscou aprimoramento moral e se lançou na busca de ajuda junto ao plano espiritual. Este não será erraticida e prosseguirá nas trilhas das realizações Divinas. Uma das trilhas mais importante é a que conduz o bom espírito à ajuda dos necessitados na Terra.

Ante o exposto, o plano da espiritualidade enuncia uma regra auxiliar, sem absoluto rigor quanto aos limites das três classes propostas. Trata-se de enunciado geral que tem por escopo situar, em zonas amplas, os desencarnados na condição de displicentes (erraticidas), os disciplinados (elevados) e os que não foram displicentes tampouco elevados (misto).

REENCARNAÇÃO COMPULSÓRIA – Para aqueles displicentes que se dedicaram aos prazeres carnais e que, com o desencarne, ficaram sem rumo, permanecendo na crosta terrestre ou nas regiões inferiores (erraticidas). Estes reencarnarão compulsoriamente, a fim de que, mediante o cumprimento de provas inflexíveis e não comutativas, possam retomar ao curso do progresso natural nos ciclos da espiritualidade.

É o tipo de reencarnação denominada Compulsória, em que colhe o espírito sem prévia concordância dele e até mesmo sem seu conhecimento. É, por sua índole, própria dos espíritos cujo grau de perturbação impede análise clara da situação ou cujas faltas são tão graves que anulam a liberdade de escolha.

REENCARNAÇÃO LIVRE (missionários) – Aqueles de grande elevação espiritual por causa da disciplina, da caridade, da fé e do amor, que serviram de norte durante a vida carnal, reencarnam em apostolado de serviço, em prol da humanidade. São os mensageiros de Deus cuja missão é assistir à humanidade no caminho do bem, são os socorristas que trabalham no auxílio dos flagelos humanos, são os cientistas que buscam descoberta de drogas curativas para auxílio da humanidade.

É própria dos missionários, espíritos redimidos perante a Lei Divina. São os que possuem ampla liberdade de escolha. Chegam ao plano material para o desempenho de tarefas elevadas em quaisquer segmentos do conhecimento humano, tanto nas ciências como na filosofia ou religião.

REENCARNAÇÃO PROPOSTA (MISTA) – Envolve a maioria dos reencarnados. Fica reservada a quem, durante a vida carnal, não se revelou displicente tampouco disciplinado; de um modo ou de outro fizeram jus a uma oportunidade de programação reencarnatória.

Aos que se inserem neste modelo, os trabalhos mediúnicos lhes serão distribuídos e, mesmo com muito sofrimento, abrirão, para eles, a porta do caminho, que poderá, com disciplina, levá-los às zonas de elevação, orientação e trabalho em prol do progresso e aproximação da verdade de Jesus, não a verdade dada pela humanidade, mas a verdade revelada pelo Mestre.

As longas, porém indispensáveis, considerações, expendidas por absoluta necessidade de compreensão, servem, pois, para facilitar o entendimento do que aconteceu entre Adib e Mailun, mais particularmente, a retenção de amor no perispírito de Adib durante muitos anos, sem ter realizado, nas experiências humanas, relacionamento íntimo com aquela que devotou profunda paixão e, depois, percebeu que tudo fora um devaneio, uma quimera.

É evidente que ambos se relacionaram em vidas passadas e de forma íntima, sem que esse relacionamento tivesse ocasionado rusgas relevantes quanto a eles.

Não menos certo é que, ambos, de um modo ou de outro, envolveram-se em outras modalidades de relacionamento voltado a quem, nesta reencarnação, nasceu para ser o marido dela e a quem, nesta reencarnação, nasceu para ser a mulher dele.

O namoro que mantiveram não foi traumático, foi muito bom e se desfez sem rusgas ou ódio, ainda que tenha ocasionado em Adib profundo recalque, consequência da frustração no namoro.

Ele fechou-se em seu íntimo e, essa prisão, por paradoxal que pareça, foi a libertação de condições para que Adib conhecesse sua esposa Thais, esta, sim, colocada na trilha reencarnatória para resgate, em relação a quem mantivera passado de ódio e de martírio. Mailun, de sua parte, também, por causa do namoro com Adib, atraiu a atenção de seu marido, porque, igualmente, com ele aprendeu a perdoar no sofrimento de um matrimônio que não teve beleza.

Tanto a mulher de Adib quanto o marido de Mailun, depois de algum tempo de matrimônio foram atacados violentamente por obsessores, que encontraram as condições físicas e perispirituais para atos terríveis de vingança contra Adib e Mailun.

Levando-se em conta que eles ofereciam natural resistência ao ataque, a solução encontrada foi a presença frágil de Amon (marido de Mailun) e Thais (mulher de Adib), que serviram de instrumento contra as defesas destes.

Enquanto, entre os obsessores que estão a atuar, no relacionamento matrimonial de Adib e Mailun, não acontecer o ato do perdão, do amor, do progresso moral, continuarão a agir e a tentar levar os obsidiados (Amon e Thais), se for o caso, à morte, porquanto concomitantemente à obsessão, desequilíbrios orgânicos provocarão o acometimento de doenças, aliás, como se sabe, acometimento que está a acontecer.

Se algo terrível ainda não se revelou foi exatamente porque Adib e Mailun encontraram o caminho do progresso perispiritual e consideram que a insustentabilidade do relacionamento matrimonial deles é a derradeira prova que, se vencida, trará benefícios futuros.

Esse é o quadro atual das personagens que atuaram no palco desta narrativa, cuja peça ainda não chegou ao fim. Portanto, aguarde-se o desfecho e que seja o melhor possível para os envolvidos.

9

O EVANGELHO NO LAR

> Pensamento: *A cada segundo da vida emocional toma lugar um sentimento intruso que não se preocupa com os desejos egoístas do ser humano. Se o desejo é a paz, tranquilidade, dinheiro, saúde etc., o intruso não o respeita e enfrenta como adversário esse desejo. Assim é, porém Deus concede a Seus filhos o caminho para compreensão dessa situação e o procedimento de alívio. Basta ter olhos para ver.*

No lar, no local de trabalho ou em qualquer lugar, onde houver frequência ou conjunto de pessoas, para a vida em sociedade, é natural o envolvimento energético de auras individuais e a força de atração dos fluidos universais e espirituais. Por essa razão, o envolvimento altera a estrutura emocional de cada ser, ora em seu patrimônio espiritual, ora em prejuízo do necessário equilíbrio emocional.

A exposição dos centros energéticos humanos às forças cósmicas eletromagnéticas, forças que não são detectadas por meio de instrumentos construídos pela inteligência humana, de modo natural gera canalização de estado de estabilidade ou de descuido para estados instáveis ou desestabilizados; por isso se verificam reflexos nos sentimentos e comportamentos das pessoas humanas.

O pensamento é fenômeno vibratório, ondular, cuja força propaga energia. Toda vibração gera energia, gera força, logo, o pensamento também gera energia, que provoca consequências correspondentes a outras fontes energéticas, que se juntam. A intensidade do bem e do mal aqui fica explicada.

Assim, se houver pensamento elaborado e direcionado para algo ruim, algo ruim será alimentado com o resultado próprio do elemento ruindade; ao contrário, se o pensamento for direcionado e cuidado para algo bom, o resultado será um estado de tranquilidade, de bondade e de estabilidade.

O campo magnético que se forma entre a emissão do pensamento, a recepção e o reflexo à fonte propagadora é a causa das aflições, das frustrações e dos sentimentos, com o quê o ser humano fica impotente para controlar suas emoções.

O Mestre Jesus ensinou por parábolas enigmáticas, porque outra forma não era possível na época e para o povo junto ao qual viveu, a maneira de direcionar pensamentos: o AMOR. Amor a Deus, sobre todas as coisas, em primeiro e absoluto lugar; ao próximo, como a si mesmo, como complemento do primeiro.

Evidentemente, o amor orientador e pregado por Cristo não é o amor produzido pelo organismo humano, da matéria que se transformará em cinzas, mas o amor do pensamento direcionado às palavras do Mestre, na sua mais pura expressão, amor esse que será recebido e refletido com toda intensidade.

Deus é amor e eterna bondade, ainda que a humanidade, limitada quanto ao alcance das palavras de Jesus, manifeste em algum momento dúvida infundada.

No ser humano essa reação é natural porque a vida humana, instrumento para o conhecimento da Verdade na Terra, é manifestada de acordo com as condições naturais do planeta. Não é absurdo dizer que, em outros planos, certamente outras são as condições e, em muitos outros, condições elevadas e aprimoradas.

Nas condições de imperfeição, no planeta Terra, a pessoa humana, ao sofrer qualquer tipo de aflição, recorre a Deus. Ao recorrer a Deus quer, egoisticamente, ser atendido sem delongas, porém, se não recebe como deseja, da maneira como quer e não conforme seu merecimento, reprova Deus. Olvida-se que para colher frutos deve buscar sementes sadias, terreno fértil e muito cuidado com a árvore.

Sementes, terreno e cuidado dão bons frutos. A negligência, quanto essas exigências, dão maus frutos. Não adianta culpar a Deus pelos maus frutos e, sim, a si próprio. Entretanto a força do egoísmo e do orgulho leva o ser humano a transferir sua negligência à responsabilidade de Deus.

O Mestre disse: "Vinde a mim, vós todos que estais aflitos sob o fardo, e eu vos aliviarei. Tomai meu jugo sobre vós e recebei minha doutrina, porque eu sou manso e humilde de coração e achareis o repouso para as vossas almas. Porque meu jugo é suave e meu peso é leve" (Mateus 11:28-30).

Jesus não disse que retiraria ou curaria as aflições, mas que ministraria alívio, desde que o aflito comparasse suas aflições com o jugo, a carga do próprio Mestre, porque essa comparação serviria de exemplo de que qualquer sofrimento humano não se compara ao de Jesus e, ainda assim, a humanidade reclama porque deseja somente alegria e felicidade. Foge das consequências de seus próprio atos, da causa por ela, livremente e desidiosamente, escolhida.

Se o caminho para o alívio das aflições é a palavra do Senhor e se a palavra do Mestre é o AMOR, não amor carnal, segue a conclusão de que a oração, forma de se religar a Deus, é o procedimento correto, uma vez que a oração feita com o coração, sem egoísmo, sem se pedir algo com exclusividade, é o meio de conseguir alívio para as aflições.

O Evangelho no Lar é o procedimento adequado para buscar alívio por meio das palavras de amor do Irmão Mestre.

O Evangelho pode ser feito no Lar, no local de trabalho, no local de estudo, quando se está com a família, quando se está longe da família, quando se está bem, quando não se está bem; enfim, a qualquer momento da vida humana.

O Evangelho não é procedimento de cura, não é meio de obtenção de milagres, e também não serve para o mal. Sua função é a estabilidade, o alívio espiritual e a maneira de entender, conhecer e compreender as mensagens do Mestre para esclarecimento do que germina nas parábolas de Jesus, a respeito de algum fato que martiriza a pessoa que busca alívio.

Durante o Evangelho, seja lá onde for realizado, Mensageiros de Deus e desencarnados que assistem a humanidade no caminho do bem, colaboram para trazer esclarecimentos, de sorte que as provas sejam tomadas com amor a Jesus.

Por essa razão, se alguns familiares, ou apenas uma pessoa, reúnem-se para leitura do Evangelho (e esse procedimento não demanda mais do que 10 ou 15 minutos), eles não estarão sós; reunidos a eles – ou a ele –, presentes, estarão os trabalhadores do bem, no dia e horário determinados.

É importante observar que dia e hora devem ser escolhidos e cumpridos rigorosamente porque, nesses momentos, os obreiros deixarão outras tarefas para exclusivamente apoiarem os participantes para o bálsamo Divino. Esses irmãos não se reúnem para o mal, não sustentam o egoísmo, o ódio, a inveja, a prepotência e o desamor; dedicam as tarefas da espiritualidade para o amor de Jesus, em prol da humanidade, para a qual o Mestre deu a vida e pediu a Deus perdão para seus algozes.

Se, por algum motivo, um dos integrantes não puder comparecer no dia e horário designados, que esteja presente seu pensamento, que se transporte seu coração para o local, discretamente, a fim de participar da corrente energética.

O ato do Evangelho não é ritual tampouco ostenta liturgia. O ato do Evangelho é direcionamento do pensamento à palavra do Mestre e à busca de compreensão dessas palavras para alívio de situação de aflição, desespero e tristeza profunda.

Mensagens serão passadas pela espiritualidade, com base na palavra de Jesus, mas essas mensagens, conforme o momento, a dedicação e a sinceridade no desenrolar da leitura, poderão não ser compreendidas ou assimiladas, tanto quanto poderão ser explícitas e claríssimas.

Disciplina, paciência, esperança e perseverança, com amor a Jesus, são formas de se chegar à assimilação das mensagens.

As explicações ora registradas e oriundas do plano da espiritualidade servem para orientar o irmão a proceder o Evangelho da seguinte forma.

No dia e hora escolhidos, instale-se em local tranquilo, sem ostentação, seja onde for. Se no lar, de preferência, ocupe uma mesa coberta por uma toalha branca. Adicione água pura em uma jarra, ou um copo, ou uma garrafa ou recipiente disponível. Fixe o olhar no líquido e eleve o pensamento à espiritualidade, a fim de que fluidos e forças energéticas provenientes da ação dos irmãos da espiritualidade possam tornar fluidificada a água, a qual passará a possuir energia.

Apenas ao término do Evangelho é que deverá ser ingerida a água; poucos goles, com o pensamento elevado e o sentimento do caminho que o líquido irá percorrer no organismo.

Se a água foi colocada em uma garrafa ou jarra, por exemplo, esses recipientes poderão ser guardados, a fim de que sempre se adicione mais água para ingestão durante todo o dia. Sem que essa conduta seja obrigatória, é salutar para o equilíbrio do organismo e da estrutura espiritual da pessoa.

Todos sentados tranquilamente, com o pensamento em Jesus, concentração absoluta e breve invocação mediante rogatória qualquer ao AMOR DIVINO: uma oração, uma palavra de carinho aos presentes, encarnados e desencarnados, e a declaração de que está aberto o momento do Evangelho, com a graça de Deus.

Toma-se do livro *O Evangelho segundo o Espiritismo* e o pressione entre as palmas das mãos, na posição de quem se prepara para orar. Concentração absoluta e pensamento em Jesus.

Aleatoriamente, abre-se o livro em qualquer página. Marque-a e também o número do item em que caiu a abertura. Em seguida, antes da leitura do trecho, vá ao título do Capítulo em que está o artigo, concentre-se no título e, com amor, leia as referências feitas de forma isolada sobre um trecho que, em regra, é uma passagem do Novo Testamento.

Localizada a passagem escrita por um dos Apóstolos, alguém do grupo fará a leitura do trecho bíblico, com absoluta concentração e, depois, fará a leitura do item localizado com a abertura aleatória do livro.

Tentará extrair e explicar o que entendeu acerca da mensagem lida. Se não conseguir, um dia conseguirá. Franquear-se-á a palavra para alguém do grupo, a fim de que, sem constrangimento e com plena liberdade, dê sua interpretação sobre a leitura. Não deve haver preocupação com regras de oratória.

Após esse breve procedimento, Jesus colocará uma oportunidade para revelação do amor ao próximo, ou seja, direcionar-se-á o pensamento em favor de todos os que sofrem, dos que governam, dos que não sabem administrar os talentos que o Senhor distribuiu, a toda a humanidade, enfim, e não, egoisticamente, somente ao grupo.

Agradece-se a todos e termina o ato, com ingestão da água fluidificada. Não se bebe simplesmente o líquido, do modo como se mata a sede, mas se sorvem os fluidos abençoados por Deus.

Em conclusão, é importante repetir que o Evangelho não é panaceia de milagres, de egoísmo, da satisfação dos desejos humanos ou do sofrimento por que passam as pessoas. O Evangelho é encontro com a espiritualidade, a fim de que, do plano mais elevado, possam nossos irmãos transmitir palavras de amor, de paz, de esperança e de confiança em Jesus, no sentido de que, enquanto humanos, não podemos renegar a condição, mas podemos trilhar o melhor caminho para se chegar ao plano superior ao do planeta Terra.

Que a paz do Senhor esteja em nossos corações. Graças a Deus.

10

EFLÚVIOS

Pensamento: *Não basta ser aluno aplicado no estudo e compreensão das lições da vida. É necessário aplicá-las no momento em que tudo parece estar perdido e sem remédio.*

A pequena sala de estudos estava repleta de estudantes da doutrina de Jesus e da influência dessa doutrina nos momentos de exercício da vida humana. Contudo havia de se considerar que a maioria dos presentes não eram pessoas humanas, uma vez que, do plano da espiritualidade, mensageiros do amor e da bondade contribuíam para que, por intuição, dentre os sensitivos, alguém captasse as mensagens enviadas.

A presença e a participação desses abnegados anjos eram intensas e, ao contrário das pessoas que permaneciam acomodadas nas cadeiras para o momento de concentração e prece, esses mesmos anjos, em círculo, movimentavam-se rapidamente, de um lado a outro, para o alto e para os lados, com imposição das mãos sobre a cabeça de cada frequentador estudante.

Um dos alunos mereceu especial atenção de três entidades benignas. Através da imagem mental, captada intuitivamente por um dos professores que orientavam os alunos, notou ele que os três anjos mentores impunham as mãos sobre o chacra coronário[1] de um aluno participante, o qual não conseguiu esconder o semblante esperançoso, talvez fruto do que, naquele momento, estivesse pensando de bom.

---

[1] Nota do escritor: Chacra conhecido como o Chacra das Mil Pétalas, pode também ser representado pela flor de Lótus. Situado no topo da cabeça, é o chacra da conexão com o Universo, da nossa identificação com o Criador, com o plano espiritual e cósmico. É o chacra da alma e da nossa conexão mais pura, pois, através dele, recebemos a luz divina. Nesse importante centro começamos a canalizar a energia Reiki. É o canal que nos conecta ao Divino nos momentos de meditação e ampliação de consciência. Também ligado às experiências de clarividência, mediunidade e telepatia. É o responsável pela irrigação energética do cérebro. Quando há bloqueio nessa importante via de luz e energia, poderá acarretar em doenças nervosas, perturbações mentais, crises espirituais e até perda da nossa fé. Uma visão materialista da existência também indica uma disfunção no chacra coronário. Bem desenvolvido, facilita a lembrança e a conscientização das projeções da consciência, e permite uma visão global do universo. É o chacra da espiritualidade.

O prestimoso mentor Irmão Plínio, cuja assiduidade nas casas de prece é característica sua, observava, circunspecto, toda movimentação e postura de cada um dos presentes, mas, em especial, daquele que estava a ser assistido pelos três anjos mentores. O Irmão Frei Plínio, sábio, elevado e de há muito desprendido dos vínculos materiais, irradiava intensa luz branca.

A fronte serena e o porte de sabedoria do Irmão Frei Plínio mantinham-se tal qual nos idos tempos, quando costumava manter longos diálogos com os acadêmicos da velha academia acerca do Mestre Jesus. Sua marcante presença, quase sempre nas dependências do corredor, entre a antiga Igreja franciscana e as salas de aula do antigo colégio transformado em academia jurídica, constituía patrimônio do amor ao próximo.

Naqueles tempos era comum ver o modo pelo qual os estudantes eram considerados pelos mensageiros de Deus, sob os olhos do Frei Plínio. Ainda vibram, na velha Academia, as energias que envolviam as sinceras preocupações daquele religioso com todos que buscavam conhecimento da verdade da vida humana, especialmente na ciência do Direito.

Com olhar firme, com as energias fluídicas da espiritualidade, o professor do grupo já mencionado linhas atrás, voltou os olhos da alma para aquele particular frequentador estudante, que era assistido sem o saber pelos mentores da casa.

Embora aquele paciente permanecesse calado, humilde e de olhos esperançosos quanto ao restabelecimento de sua doença física, que lhe acompanhava havia muito tempo, sem que se soubesse a causa, mas que lhe prejudicava a deambulação, os passes magnéticos eram aplicados.

Na dimensão em que se encontra, atualmente, o Irmão Plínio, ele é considerado bom, misericordioso, sábio e agraciado por Deus por tudo que recebeu durante suas vidas passadas. Consegue transmitir energias, das quais os eflúvios envolvem o pensamento de quem tem a certeza de que sofrimento é prova para elevação de um plano para outro, superior.

Consegue convencer seus protegidos de que prova é dádiva de Deus, para que se ajustem arranhaduras passadas para realização do progresso moral.

Contudo aquela pessoa presente, sem o saber, fora escolhida por abnegados mensageiros sob espreita do Irmão Plínio e dela não se afastou ele, em um só momento, com seu olhar misericordioso cujo éter de alfazema volatizava o ambiente.

Poucos foram os minutos para nós, presentes ao ato, mas, como não existe conceito de tempo para o espírito, suficiente foi o lapso procedimental em benefício daquela pessoa, porque, visivelmente, o semblante dela foi tomado de tranquilidade. Tinha perfeito domínio de suas funções de movimento corporal, alongava os membros, os dedos das mãos, sem tremulações ou dificuldades, que lhe eram inerentes. Parecia estar restabelecida de sua enfermidade.

A impressão que permaneceu em nosso íntimo foi a certeza de total liberdade e desprendimento das amarras físicas que provocavam a enfermidade, ao menos naquele momento em que recebia toda a força energética do grupo comandado pelo Irmão Plínio.

Aquela pessoa permanecia firme no controle de seu corpo físico, de seus braços, de suas mãos e, certamente, pulsava o coração na sintonia da energização superior; se assim não fosse, porque, naquele momento, apresentava perfeita higidez física aos olhos da espiritualidade?

A cura física – que até poderá ocorrer no plano da ciência médica –, naquele momento, para o Irmão Plínio, afigurou-se secundária ante o progresso da alma e do equilíbrio que se observava nas ranhuras do perispírito.

Aquela pessoa, naquela sessão de estudos e comunicações espirituais, elevou-se de tal forma ao plano da luz superior que sua fisionomia se alterou para melhor: de adulta mostrava-se jovem, por volta dos vinte e poucos anos de idade. Via-se, nessa pessoa, então jovem momentaneamente, um ser com pureza, com esperança, com fé e, acima de tudo, a revelar muita humildade. Talvez, o fator humildade fora o responsável pela fenomenologia espiritual dos trabalhos. De minha parte, estou certo disso.

Este relato, fruto de recepção por intuição, não foi elaborado durante os trabalhos, porque o ambiente em que o fato aconteceu não estava bem preparado para harmonização; tratava-se de uma sessão de prática mediúnica, sem doação das energias especiais para psicografia.

Houve expressa recomendação do mentor Plínio para que todos permanecessem no padrão específico de uma sessão de energização, com possibilidade de se verificar readequação do equilíbrio mental dos presentes, sem outros registros. Segundo o Irmão Plínio, que fosse feito depois o relato do fenômeno para conhecimento da Doutrina e de quem busca orientação prática a respeito do que pode acontecer quando Irmãos vivem em união.

Essa recomendação estava contida no olhar do Mentor, isto é, na comunicação que dispensa o funcionamento de órgãos do corpo físico; com o olhar vieram a mensagem e a recomendação de não se relatar naquele momento, mas depois, porquanto, com apreciação posterior do que aconteceu naquela noite, naquele lugar e nas circunstâncias narradas, em muito se contribuiria, porque a base de tudo, naquela noite, foram os eflúvios das palavras de Jesus.

Uma das irmãs, a orientadora dos trabalhos, com a Luz da Alma, afinou-se com os mentores e externou, com sabedoria, a importância das palavras do Mestre Jesus. Disse ela, com muito carinho, que a importância dos ensinamentos de Jesus não está no fato humano de sua crucificação e morte como homem, porque, enviado por Deus, tinha consciência e força Divina para suportar essas agruras, a fim de que a humanidade cuidasse de compará-las às próprias vicissitudes. A importância do Mestre Jesus para a humanidade repousa muito mais no apostolado contra a vontade de o ser humano querer se manter, voluntariamente, na imperfeição e na ignorância quanto ao amor divino e amor ao próximo. Por essa razão, importante mesmo são as palavras de Jesus, tão simples, porém tão profundas e de eterna sabedoria. Tão simples, mas para ouvidos moucos.

Que esta mensagem sirva para, de algum modo, levar esperança a quem, com resignação, caridade e fé, buscar algo por sentir, na própria pele, as agruras de molestamento físico, agruras passageiras ao lado da elevação moral, eterna.

11

SOLIDARIEDADE

Pensamento: *No Reino de Deus há muitas moradas, mas, apesar da quantidade, é difícil escolher uma para abrigar nosso espírito, porque o ser humano não as localiza.*

O ser humano, por natureza, é dotado de sociabilidade, isto é, não se realiza sozinho, depende do próximo, ou melhor, realiza-se no convívio do grupo social. Por essa razão, forma os primeiros vínculos na família e, depois, fora do lar.

Não basta tão somente viver junto a outrem, ou no grupo social. Há que existir algo mais que possa estabelecer distinção entre viver socialmente com consciência e viver em grupo, por instinto. Na primeira classe (viver socialmente com consciência) está a humanidade; no segundo grupo (viver em grupo) estão os demais animais.

Apesar da diferença aqui traçada, há algo mais que distingue o ser humano: a fala. A fala é atividade exclusiva do ser humano. Nenhum outro animal é dotado de capacidade de articulação de ideias, raciocinadas, transcendentais, complexas, que não se comparam à comunicação simples e instintiva dos animais outros.

Todos os humanos, salvo os casos orgânicos de anomalias excepcionais, têm condições de falar, mormente entre si. Isto posto, falam entre si, ouvem de interlocutores o que estes falam e falam para serem ouvidos. Falam no convívio familiar e falam fora do convívio familiar. Pela fala há aproximação, há repulsão, há aprovação ou reprovação, há entendimento e há desentendimento, há guerra e há paz.

Releva anotar, contudo, que o divisor da união ou da separação dos que falam entre si é a SOLIDARIEDADE. O termo é extensão do querer do pensamento e, em regra, permanece preso ao fator preponderante nos encarnados e nos desencarnados, de acordo com o padrão evolutivo de cada um.

Na parábola do Bom Samaritano, falou o doutor da lei, falou o escriba e falou o samaritano. Entretanto somente deste sobreveio a SOLIDARIE-DADE e, por meio da solidariedade, Cristo ensinou que o próximo, a quem devemos amar como amamos a nós próprios, não se localiza na família, no grupo social amigo (os samaritanos eram inimigos), porém, no ato de amor sincero, desprendido, sem interesse material e sem desejo de ostentação. Solidariedade é amor divino.

A solidariedade é melhor qualificada do que a palavra, visto como sua manifestação é interior, diferentemente da palavra que se projeta exterior-mente. A solidariedade é inflexível ao passo que a palavra não o é, já que pode revelar pensamentos que se alteram, segundo a vontade e o momento do emissor.

A palavra é maleável e não se identifica com a solidariedade. Pode mesmo falseá-la e induzir o interlocutor a erro que, não raro, toma a mentira falada como ato de estima e consideração.

Solidariedade, do latim *"in solidum"*, significa "no todo", isto é, não admite meio termo: há ou não há solidariedade, visto que essa qualidade não se presume: ou se é solidário ou não se é solidário. Uma vez acomodada no espírito humano, jamais o deixará à margem de seus efeitos. Jesus foi solidariedade divina, exemplar.

Certa feita, fui procurado por um amigo de longa data e com quem mantive sadio relacionamento de amizade, porque tínhamos afinidade acerca dos mesmos gostos: literatura, cinema, esporte, lazer etc. Várias vezes nos reunimos na casa de nossos pais e nossa família convivia feliz com nossa amizade sadia, sem vícios e sem exageros que pudessem comprometer a individualidade de cada um.

É evidente que, por causa da idade jovial, cada um de nós, solidaria-mente, alimentava ideais futuros relacionados com profissão, com formação de família, com estabilidade financeira e outros desafios que a vida nos coloca à frente. Entre nós havia absoluta confiança e essa dádiva foi man-tida mesmo depois de cada um seguir seus caminhos naturais de formação familiar e profissional, os quais, em regra, separam pessoas e amizades.

Aquela convivência sincera e amiga, com o tempo e novos compro-missos, rareou, de modo que nossos encontros se tornaram obra do acaso, sem nada programado. Quando, por alguma razão ditada pela busca de um conselho, ou para matar a saudade, eu era procurado por Juca, meu grande amigo, o reencontro de vibrações energéticas produzia alegria, conforto e bem-estar a ambos.

Vem à recordação aquele mês de dezembro, época em que o movimento e a pressa das pessoas aumenta por causa das férias natalinas, da necessidade de escolha de presentes, de encerramento de compromissos, o encontro ocasional com Juca, na Praça João Mendes Junior, no momento em que eu saía do Fórum em direção ao meu escritório na Rua Conselheiro Furtado.

Fiquei contente com o encontro e feliz pelo surgimento de oportunidade de desejar ao amigo feliz Natal e relembrar as festas de fim de ano das quais participávamos com outros companheiros. Conhecia – e conheço – muito bem meu amigo e tinha condições de avaliar seu estado emocional, naquele momento, pelo olhar melancólico com o qual me fitava; olha conjugado a palavras de tristeza.

– Juca, você está bem? – indaguei.

– O que o preocupa? Desabafe amigo. Abra-se comigo, porque você sabe que entre nós não há segredos ou constrangimentos. Já passamos tantos problemas juntos e não será agora que vamos ficar fechados.

Sugeri que fôssemos a um café próximo e onde costumeiramente paro para um cafezinho. Ali poderíamos conversar melhor acomodados, em uma mesa discreta e reservada. Atravessamos a Rua Conde do Pinhal, em frente à cafeteria, e nos acomodamos para a conversa.

Juca desabafou. Mencionou, de pronto, que sua tristeza era por causa do filho Henrique, que vi nascer e crescer. Estranhei, porquanto, da última vez em que conversamos a respeito dos filhos, parecia estar ele bem, tanto que ficara noivo de Corina, segundo fiquei sabendo.

Henrique era a joia mais preciosa de Juca. Nunca se soube que o moço houvesse se alterado ou faltado com o respeito aos pais e mesmo a conhecidos. É verdade que tinha restrição intelectual para estudos superiores, mas nada que impedisse de levar uma vida normal e até mesmo de frequentar curso superior. De fato, cursou uma faculdade, mas concluídos os estudos não reuniu condições para se entregar à atividade relacionada com os estudos; como se disse, era limitado.

Apesar da restrição cultural uma qualidade o distinguia: extremamente bondoso, caridoso, preocupado com qualquer pessoa que estivesse passando por dificuldade. Não economiza no ato de dar amor ao próximo.

A noiva Corina, de sua parte, teve uma infância complicada por certa irresponsabilidade da mãe, que se envolvera com um homem que não aceitaria outra condição senão a de amante, pois era casado e libertino. A mãe não viveu por muito tempo e, após seu falecimento, Corina foi criada por sua tia, D. Marta, a qual, na verdade, era chamada de mãe.

Os fatores que influenciaram a vida de Corina a transformaram em pessoa insegura, autoritária, confusa e de personalidade instável. Amava com a mesma intensidade com que odiava, embora com intervalos de arrependimento.

Henrique conheceu Corina e logo percebeu que a moça necessitava de compreensão, de ajuda e de força para levar adiante seu lado bom. Corina viu em Henrique a tábua de salvação de seu futuro. Contudo, por causa do estado de ambivalência, Henrique, que amava Corina, haveria de enfrentar momentos de profunda tristeza.

Sabe-se que ambivalência é um estado de espírito no qual coexistem, simultaneamente, sentimentos conflitantes acerca de pessoas, de coisas ou mesmo de situações pessoais. A pessoa ambivalente tem emoções ou pensamentos simultaneamente positivos e negativos, sem freio relativamente à pessoa que é atingida pelo ato ambivalente. O ambivalente pode odiar e amar ao mesmo tempo.

Certo é que, conforme pude verificar de tudo o que Juca relatava naquele momento, com precisão e riqueza de pormenores, seu filho Henrique, por amor, era refém de Corina, e meu dileto amigo já não sabia se, entre o filho e sua noiva, existia ódio ou amor, responsabilidade ou irresponsabilidade de Corina em relação ao futuro.

Henrique, na condição de refém, fazia todas as vontades da noiva, de sorte que se acrescentou à ambivalência dela a oportunidade de aproveitamento da situação, por parte de Corina, é óbvio, no sentido de transformar o noivo em serviçal exclusivo de suas manias sem sentido e da falta de vontade de assumir com firmeza sua atividade profissional que, então, já não era levada muito a sério.

Perguntei a Juca:

– A moça não trabalha, não estuda, não tem projeção para o futuro?

Juca levantou as sobrancelhas e curvou um pouco a cabeça num gesto de despropósito e respondeu:

– Também, se não trabalhasse ou não buscasse aprimoramento cultural, seria o absurdo dos absurdos!

Sem possibilidade de interferir no relacionamento do filho com a noiva, relatou Juca que alternativa não restara senão deixar que as coisas acontecessem. Assim, ambos ficaram noivos e realizaram o casamento, muito bonito e farto de promessas, por parte de Corina, que tudo faria para a felicidade de Henrique.

Felizmente, Henrique recebeu do pai, meu amigo Juca, bens suficientes para garantir um futuro de lar, de filhos e até mesmo de lazer. Corina, de sua parte, nada possuía, circunstância que pouco importava ao bom moço, porque, solidário que era, considerou repartidos seus bens com Corina. Para Henrique, bens materiais não se comparam aos bens espirituais e, por isso, não se preocupara com os primeiros porque queria dividir, de fato, os segundos. Desejava riqueza espiritual para Corina, porque a riqueza material nada significava.

O momento de maior tristeza de Juca, durante o cafezinho repetido, era o fato de Corina ser hermética para receber ou aceitar exemplos espirituais. Sua vida resumia-se em satisfazer suas vontades materiais, as quais, conforme se disse, perdiam-se na ambivalência.

Diante do quadro traçado por Juca e como não encontrei melhores palavras para o assunto, lancei mão de algo que todos perguntam:

– Afinal, meu amigo, seu filho e a mulher dele não são felizes, do modo como se relacionam e como estão a viver?

Juca respondeu:

– Depende do que você entende por felicidade! Minha nora, com toda certeza, não sabe que ser feliz é ser solidário; contudo, a maneira como ela se comporta não expressa, convincentemente, solidariedade. Tudo o que ela apregoa como solidariedade, em verdade são anúncios enganosos que escondem egoísmo e falta de consideração ao próximo. Meu filho, de outra parte, é realmente solidário e, na busca incessante de contribuir com a felicidade de sua mulher e de seus dois filhos, que já estão no mundo, sofre demais. O amor que meu filho nutre pela prole está distante do ambivalente amor que Corina tenta demonstrar. Nunca vi uma pessoa tão fria, tão falsa no comportamento, como minha nora.

Digo-lhe mais, e note que estou sendo exagerado. Se, Deus nos livre, meu filho desencarnar, não acredito que minha nora dê valor ao que ele foi para ela. Para finalizar, meu amigo, ela é muito ingrata.

Ouvi atentamente o desabafo, com o pensamento elevado a Deus e aos mentores espirituais, a fim de que eu pudesse, de alguma maneira, encontrar palavras de alento e de alívio para aquele momento triste e aflitivo por que passava Juca. A coisa complicou no momento em que ele fez a seguinte pergunta:

– Amigo, vou ser bastante sincero. No fim desta minha vida, o que devo fazer? Estou sem ação!

Inspirei profundamente o ar que nos cercava, na tentativa de conseguir força ou energia suficiente para poder vibrar na frequência do amor de Jesus, e, um pouco claudicante, respondi:

– Amigo Juca. Sua dor é minha dor e, neste momento, o que de fato posso externar é minha profunda solidariedade; contudo, sem querer fazer brincadeira, é importante deixar claro que todos os percalços pelos quais passa nosso querido Henrique são metade dos problemas, visto que sua nora é ambivalente. Se Corina lhe traz tristeza, é certo que também, em algum momento, lhe traz alegria! Fiquemos, pois, centrados nas alegrias, com olhos voltados ao Alto no sentido de que estas sufoquem tudo o que não se harmoniza na vida do casal. É evidente que, por ora, não reúno condições para melhores explicações e, por isso, procurarei buscar, na espiritualidade, um caminho que talvez possa ser menos espinhoso do que o atualmente trilhado por Henrique. Algo de bom permanece ao lado de Henrique: é manso e puro de coração. Aliemo-nos a essa qualidade Divina de Henrique e tenhamos paciência, porque com paciência nasce a experiência e da experiência nasce a esperança, que nos leva à verdade anunciada por Jesus. Quanto à sua nora, Corina, isso eu posso afirmar, vejo no comportamento dela ação de obsessores que a martirizam. A causa obsessiva talvez demande muito tempo, muita oração e esperança plena de que Deus não abandona os seus filhos. Por isso, repito, prece, confiança e esperança são os meios aos quais você deve se agarrar.

Encerrado o assunto, Juca, um pouco mais esperançoso, deixou escapar uma ponta de sorriso e saímos do estabelecimento, cada qual seguindo o seu rumo.

De minha parte pensei, quantas moradas de Deus existem na nossa existência, mas, apesar da quantidade, é difícil escolher uma para abrigar nosso espírito.

12

A BUSCA POR MEIO DA DOR

Pensamento: *Ao andar por caminhos pedregosos, não reclame diante de obstáculos naturais no terreno, das pedras pontiagudas que ferem os pés e dificultam os passos. Agradeça a Deus por poder caminhar com os próprios pés, ainda que devagar, porque a dor dos ferimentos com o tempo desaparecerá e o benefício do percurso surgirá. É a cura Divina.*

Aflição e tranquilidade. Estados da alma que se alternam no movimento da vida humana, porque existe comprometimento do espírito com a matéria. Trata-se de simbiose, ou vida comum por causa da qual tanto o espírito quanto o corpo humano recebem benefícios, ainda que em proporções diferentes. As aflições são benefícios, desde que sejam entendidos como ganho ou proveito.

Para uma pessoa enferma que está presa exageradamente aos desejos materiais, uma dieta alimentar, por exemplo, mesmo necessária para evitar um mal mortal, para essa pessoa, a referida dieta é interpretada como sendo algo terrível e motivo de tristeza ou sofrimento; contudo, para o espírito que encarnou no invólucro humano dessa pessoa, o desregramento alimentar que se está a evitar lhe proporciona oportunidade de aprimoramento. O aprimoramento do perispírito, em última análise, implica igualmente no aperfeiçoamento do corpo humano, de sorte que, ambos, serão beneficiados.

Não se conhece alguém que seja exclusivamente alegria e tranquilidade, ou somente aflição e tristeza. Há, por vigência das leis naturais de Deus, necessariamente, alternância de estados emocionais do ser humano, mesmo que um estado tenha duração de tempo maior do que o equivalente; mesmo assim, tudo passa e aquele estado será substituído por outro, com aceitação ou não de quem está envolvido.

Esse fenômeno se manifesta em todos os seres humanos e, certamente, tem razão de ser. Por isso a necessidade de se atentar para os acontecimentos que marcam o dia a dia das pessoas, ao menos no planeta Terra.

Feita a introdução espiritual, passe-se ao caso concreto, verdadeiro, porém com mudanças de situações, por motivos óbvios. No plano da espiritualidade, não importam nomes, locais, datas ou pessoas, mas, sim, a mensagem útil.

Silvério Arruda, o Arrudinha, pessoa idônea, de conduta ilibada, preocupava-se bastante com o que fazia. Sempre fora atento na busca de como acertar, de que maneira agir corretamente, diante das circunstâncias que surgiam. Assim procedia, conscientemente, desde o momento em que acordava e se punha em pé para as tarefas diárias até o momento de, novamente, descansar.

Preocupava-se – e muito – nos momentos em que reinavam desalento, desesperança, frustração infundada e forte sentimento de desprezo pela vida, apesar de não desejar perdê-la antes do momento apropriado. Tinha absoluta certeza de que renegar a vida é forma de suicídio e, Arrudinha, não era suicida; ao contrário, amava a vida.

Profissionalmente fora um homem que soubera enfrentar todos os momentos probatórios da vida, impostos a todas as pessoas que não os compreendem devidamente e não sabem que qualquer prova é aferição do grau intelectual, moral e, acima de tudo, o grau de espiritualidade.

É comum, no ser humano, ocorrer preocupações com a intelectualidade, com a moralidade, com a segurança financeira e estabilidade profissional, porque esses requisitos estão relacionados com os sentimentos puramente materiais e não espirituais. Já no tocante às necessidades espirituais, estas não se manifestam no plano dos desejos humanos, mas no princípio Divino do progresso de todos os seres e de todos os planetas dos cosmos. Por conseguinte, poucos são os que detectam as necessidades espirituais e, por meio de provas, que também se aplicam nesse terreno, buscam galgar uma instância superior, melhor do que a anterior.

Material e profissionalmente não há do que reclamar, Arrudinha. Você foi disciplinado e metódico quanto às exigências para o sucesso, logrou êxito em todas as empreitadas sem se preocupar com a qualidade das tarefas que lhe eram determinadas em cada momento da vida e, registre-se, começou a trabalhar com pouca idade e não se tem conhecimento de que reclamasse ou rejeitasse trabalho. Antes, sentia satisfação em ser útil para a sociedade.

Foi pelo motivo de dedicação e firmeza de propósitos que galgou posição estável e, outrossim, permanente suporte financeiro para lhe garantir os últimos anos de vida na condição de auditor fiscal aposentado.

Quanto ao relacionamento, Arrudinha vivia em união estável com Elvira, junto de quem recebeu o presente do nascimento de uma filha. A ela dedicava todo amor e carinho, tanto quanto dedicava todo amor e carinho à Elvira. Ele, contudo, tinha personalidade diferente da de Elvira. A personalidade dele já foi traçada linhas atrás; a personalidade dela, de modo diverso, era diametralmente oposta: sem disciplina na administração de sua vida, displicente com relação à saúde física – e muito mais a espiritual –, imediatista e despreocupada com o amanhã. Tudo era feito de improviso ou de maneira mecânica; por conseguinte, de modo diferente ao que agradava a Arrudinha.

Jamais, durante toda sua vida, despertou a preocupação de aprimorar conhecimento para justificar sua condição humana, tampouco para obter discernimento que a pudesse conduzir à busca de aprimoramento moral ou espiritual.

No âmbito da vida material, sua estrutura psicológica era a pior possível, visto como não se preocupava com as causas que trariam consequências financeiras desastrosas, quer para sua sobrevivência ou mesmo para servir de exemplo aos seus descendentes ou parentes.

Vivia para um dia apenas, sem buscar exemplos nas causas passadas e no amanhã. Pouco lhe importava o amanhã, importante era o dia presente e, ainda assim, muitas vezes o renegava.

Nunca se preocupou com um quadro que Arrudinha pendurou na cabeceira da cama do casal, com os seguintes dizeres: "Agradeça a Deus por poder caminhar com os próprios pés, ainda que devagar, porque a dor dos ferimentos com o tempo desaparecerá e o benefício do percurso surgirá. É a cura Divina".

Viviam bem em termos, porque Arrudinha, sabedor de que eventual separação não traria benefício à filha – e mesmo à companheira instável –, cultivava muita paciência, para evitar que a família houvesse de ser lançada nos escombros de um relacionamento em desarmonia. É evidente que, às vezes, sem conseguir segurar, explodia, no entanto, imediatamente, recompunha-se e buscava estabilidade no cultivo da paciência. Paciência, de sua parte, é dádiva de Deus de um lado e difícil de ser apreendida, por quem não está preparado a exercitá-la, mesmo sem culpa do despreparo.

Em regra, as pessoas reservam uma dose pessoal de religiosidade para momentos de dor e esquecem que essa reserva deve ser usada também quando do amor. Por esse motivo e porque quem sofre ou está aflito usa da reserva somente nesses momentos de dor, o uso restrito é inadequado. Inadequado já que qualquer sofrimento é consequência de causa anterior e não há possibilidade de se afastar a consequência sem afastar a causa; e como a causa já aconteceu, não poderá jamais ser afastada. Por via de consequência, melhor é zelar pela aceitação das consequências como forma de resgate, como forma de aprendizado para não errar novamente.

Quanto a Arrudinha, bom, mas despreparado para o exercício pleno da paciência e da esperança, não restava alternativa senão aguardar a tormenta passar para desfrutar a bonança que a substituiria, como sempre acontecia. Viver assim, no entanto, era muito difícil e não havia expectativa de bons tempos.

Alguém, em certo momento, do qual ele próprio, Arrudinha, já não se lembrava, aconselhara-o a socorrer-se e desabafar o desalento, quando desse estado estivesse acometido, por meio de cartas endereçadas a Jesus, e aguardar, porque, com toda certeza, o pedido seria atendido e a resposta viria de modo muito particular.

Foi dito que a escrita, o conteúdo e o pedido de socorro ou orientação seguiria o procedimento normal de se escrever uma carta, entretanto, essa missiva não seria postada e, sim, acondicionada secretamente em um local reservado com acesso somente por parte de quem a escrevera.

Observou que, se o ato fosse cumprido com fé, a resposta viria de alguma maneira, contudo, caberia a Arrudinha interpretar a resposta de Jesus, dado que, obviamente, seria indireta ou por meio de uma demonstração qualquer, a respeito de algo, em momento oportuno e até inesperado.

Segundo recomendado, esse procedimento íntimo atrairia força positiva, de algum ponto qualquer para aliviar o estado aflitivo, porque sempre há uma força Divina na expectativa de atender a quem pede com fé.

Arrudinha guardou na mente e no coração o conselho do bondoso amigo, no entanto, não estava convencido de que o procedimento traria, de fato, os efeitos balsâmicos do amor de Jesus. Em consideração ao amigo, limitou-se a depositar no coração a semente oferecida, a fim de que, quem sabe, um dia, se estivesse convicto, pudesse lançá-la em terreno fértil e esperar o resultado. A verdade é que, ao ouvir o amigo, bem intencionado, naquele momento não estava convicto de nada, tampouco se sentira afetado pelo bom conselho.

AJUDE A SI PRÓPRIO COM EXEMPLOS DA VIDA

O tempo passou, os conflitos não cessaram e a vida do casal era mais de brigas do que de paz. Elvira piorava a cada dia e já não tinha paciência com a filha, e passou a maltratá-la para, em seguida, pedir-lhe perdão e cobri-la de beijos. A filha, Toninha, não entendia esse comportamento e despertou, em seu íntimo, causas terríveis de depressão e conflitos perigosos para o futuro da menina. A partir de então a criança padeceu de alteração de personalidade e essa situação de desarmonia foi terrível para sua segurança emocional. Transformou-se em pessoa instável e assim seguiu seu caminho, com suas provas.

Em diversas oportunidades Arrudinha deixou às pressas o trabalho, para atender à companheira que, sem responsabilidade, envolvia-se em discussões no trânsito; quase sempre, era conduzida à Delegacia de Polícia, onde não mostrava equilíbrio mesmo diante da autoridade policial, que não agia rigorosamente porque percebia o desequilíbrio da infratora.

Arrudinha era obrigado a se submeter à humilhação da mesma autoridade por causa de Elvira e tentava se desculpar pelo escândalo.

Nuvens negras pairavam sobre o lar da família Arruda; prenúncio de desagregação; momentos aflitivos intensos. Que fazer? Orar, recorrer a Deus ou buscar auxílio médico para tentar ajudar a companheira e salvar a família?

Conversou com amigos reservadamente; com médicos conhecidos e com pessoas que também estavam em situação semelhante.

Vários amigos de Arrudinha conviviam com o mesmo problema doméstico e recorreram a atendimento médico, a análise, a psiquiatria e, alguns, foram obrigados a recorrer ao isolamento em clínicas especializadas, dado que a vida em comum era impossível. Segundo relato desses amigos, o tratamento em clínicas era violento e não havia expectativa de cura. Na verdade, em vez de cura física, natural, o tratamento medicamentoso era agressivo quanto aos efeitos dos remédios, a ponto de tornar o paciente apático e perdido no ar.

Arrudinha afastou, de pronto, a ideia de procurar ajuda médica especializada, ao menos no campo da psicoterapia ou psiquiatria, porque a personalidade de Elvira, arredia que era, conduzi-la-ia, por certo, ao suicídio, e ele não pretendia, de maneira alguma, levar esse remorso com ele e abater de vez a minguada estrutura emocional da filha.

Arrudinha era funcionário público municipal lotado no cargo de auditor, designado para uma unidade localizada ao lado da Federação Espírita de São Paulo. Da janela de sua sala, quando em estado reflexivo, visualizava o movimento de pessoas na rua sem qualquer preocupação específica. Um dia resolveu observá-las com olhos diferentes, ou seja, não eram transeuntes ocasionais, mas pessoas que se dirigiam à federação. Concentrou-se nesse fato e alimentou a curiosidade quanto ao objetivo daquelas pessoas.

Em uma segunda-feira, logo pela manhã, Arrudinha estava irreconhecível: barba por fazer, olhar triste, voz baixa, gravata em desalinho, tudo a indicar que não dormira bem. Um colega de trabalho indagou se ele estava bem, ao que Arrudinha respondeu por educação, dado que não queria conversa. Disse que havia dormido fora de casa, no escritório de um amigo contador, na Rua Riachuelo, e estava arrasado, não apenas física, mas mentalmente. O colega já sabia o motivo e evitou entrar no assunto específico, contudo, recomendou que Arrudinha se acalmasse e sugeriu a aplicação de um passe, na Federação, que ele ficaria um pouco aliviado. Afinal, a Federação era ao lado da repartição.

Nunca sentira atração por casa espírita, mas tinha certeza de que a aplicação de passe, sem compromisso assumido com a doutrina espírita, mal não lhe faria e pior do que estava não ficaria; ao menos o número de pessoas que entravam e saíam da Federação demonstrava essa realidade.

Dirigiu-se, no mesmo dia, à Federação. Submeteu-se a uma entrevista de orientação e, confiante na recepção bondosa de uma senhora, desabafou e justificou a razão por que estava ali em busca de um passe. Atendido com muito amor, a bondosa senhora o orientou não apenas quanto ao desejo de receber as energias do passe magnético, mas da necessidade de realizar um estudo específico, para saber algo mais sobre a atividade espiritual nos casos das aflições humanas. Com estudo poderia Arrudinha encontrar um caminho adequado para conhecer as verdades da vida humana. Alertou, ainda, que esse caminho não era suave ou confortável; ao contrário, difícil e com muitas pedras pontiagudas, de modo que o caminheiro padeceria de momentos terríveis em seu ser. Entretanto, observou a bondosa senhora, a tempestade é anúncio de bonança e a cada latejar de dor, certo é que um passo fora dado. A chegada ao destino será possível se muitos passos forem dados, ainda que com muito latejar, com muita dor e, às vezes, com desespero. No final, a luz será feita na plenitude do amor Divino, do mesmo amor pregado por Jesus. Essa é a verdade.

Arrudinha ouviu com atenção e emoção e até aceitou, porém, naquele momento, apenas buscava um pouco de alívio; a orientação foi guardada para depois. Foi-lhe aplicado um passe energético, com o qual veio a sensação de alívio. Ele acertou com ele próprio que receberia mais alguns passes a fim de que, restabelecido o equilíbrio, levaria sua vida normal. Na sua ignorância moral não via necessidade de se tornar um estudioso da doutrina espírita; tinha outros afazeres com que se preocupar – e já eram muitos. Acreditava na mediunidade, nos resultados espíritas e na fala bonita dos orientadores, contudo, daí a se tornar um estudioso a distância era grande.

De fato, os passes foram salutares ao equilíbrio espiritual de Arrudinha, porém não alcançaram Elvira. Continuava ela em desequilíbrio e, ao contrário do que supunha o companheiro, no alívio que sentia com os passes, as crises aumentaram e ela se tornou mais violenta, mais descontrolada, então com prejuízo da saúde, que a deixava com a chegada de doenças do corpo e da alma. Acrescentou-se ao desequilíbrio da mulher a mania de reclamar de dores, visto que se tornou hipocondríaca, sem disciplina para tratamentos. Acontecia um paradoxo: enquanto Arrudinha sentia certo alívio, a companheira, na mesma medida, aumentava seu estado de desespero e alucinações.

Já era tempo de se refletir a propósito do conselho recebido pelo colega da Repartição, quanto a escrever cartinhas a Jesus. A ideia, a princípio, parecia absurda, mas bem pensada considerou que sendo o Mestre um ente Superior e Divino, algum resultado o apelo poderia trazer.

Comprou um caderno e deu início às cartinhas. A redação enchia-se de lamentos, de dor e algumas páginas do caderno ainda hoje revelam manchas de lágrimas que fluíam no momento da escrita.

Ao final de cada cartinha, Arrudinha percebia um alívio, e relacionou esse estado com a atenção do Plano Superior no tocante ao seu sofrimento, ao socorro que clamava e ao desespero de escrever secretamente.

Assim procedeu em todos os momentos de aflição e, ao menos, naqueles momentos, uma luz se punha a iluminar seu caminho, porque se sentia ao lado de um interlocutor invisível que somente poderia ser, de fato, Jesus.

Passou a se interessar por literatura espírita e, segundo recomendação, firmou-se, de início, no *Evangelho Segundo o Espiritismo*, com mensagens captadas por Allan Kardec, cuja leitura era feita logo após a escrita das cartinhas. Reparou que alguns trechos do livro direcionavam algo para o que havia escrito. Esses acontecimentos melhoraram a maneira de ver a doutrina espírita.

O lar de Arrudinha, entretanto, transformara-se em um circo romano, em cuja arena se debatiam os gladiadores com o objetivo de matar para viver. Se dentre dois lutadores um permanecesse vivo, a cena seguinte era a manifestação do imperador pela vida ou pela morte. O público vibrava com os momentos da carnificina e ficava feliz.

Assim era o lar do sofredor companheiro de Elvira, que parecia estar em contenda com algum adversário – ou adversários –, na expectativa de um resultado que lhe daria vida ou lhe daria a morte. O público invisível divertia-se e o imperador era desconhecido.

Após mais um dia de circo, em seu lar, o sofredor moço não aguentava mais e decidiu procurar algo mais eficiente na Federação espírita, mais eficiente do que se submeter a um passe comum. Para tanto, procurou a pessoa que o entrevistara na primeira vez em que lá esteve e não a encontrou. Desanimado, porque sequer sabia o nome da bondosa senhora, insistiu com a atendente para que ela verificasse algum registro da primeira visita.

Diante da insistência e da impossibilidade de localizar a primeira orientadora, a moça que o atendeu indagou o motivo pelo qual ele tanto insistia em voltar a falar com aquela pessoa.

Arrudinha abriu o coração e com essa abertura lágrimas jorraram de seus olhos e o aflitivo estado foi prontamente percebido pela atendente que, condoída, encaminhou o sofredor a um setor de atendimento mais especializado para o caso.

Em uma sala não muito espaçosa, mas também não pequena, sob tênue iluminação de lâmpadas azuis, várias pessoas (homens e mulheres) estavam sentados em posição de concentração absoluta.

Solicitaram a Arrudinha que se sentasse, no centro da sala, em uma cadeira, e elevasse ao máximo o pensamento em Jesus. Um círculo foi formado, todos de mãos dadas; uma moça simpática evocava a proteção de mentores para, em nome de Jesus, intercederem em favor de Elvira, com participação de seu companheiro ali presente.

Arrudinha chorava copiosamente e, no íntimo, manifestava firme vontade de que os fluídos benfazejos alcançassem sua companheira e a fizessem perceber quão bom e suave é viver em união. Houve uma espécie de diálogo entre a moça que orientava o procedimento, mas não se ouvia o interlocutor. No momento em que essa moça solicitou a alguém que procurasse compreender que estava errado o que fazia com sua irmã, que mesmo com o desejo de estar ao lado dela como parente, devia ele entender que havia desencarnado havia muito tempo, por afogamento, cujo óbito ainda não havia percebido plenamente. Muita oração foi direcionada a esse sofredor, de modo que, pelo menos naquele momento, tudo indicava que a notícia dada a ele surtira algum resultado.

Após o trabalho realizado, foi Arrudinha informado do que se passara. Uma pessoa do grupo esclareceu que foi instalada uma sessão de apometria[2], na tentativa de se saber a razão pela qual, no relacionamento de Arrudinha, a sofredora era Elvira, cuja saúde física estava em abalo profundo.

Foi dada a notícia de que o irmão carnal de Elvira, falecido havia muito tempo, por afogamento, no Rio Paraná, sem ainda perceber o que se passara, segurou-se na companhia dela, não para vingança, mas para convivência, o que é impossível entre desencarnado e encarnado sem consequências como as que martirizam a irmã.

De modo geral, tornara-se ele um obsessor desequilibrado a desequilibrar a irmã, não por maldade, mas com uma espécie de ciúme de Arrudinha e da própria filha do casal.

Recomendou-se que Elvira passasse a frequentar uma casa espírita e se submeter a tratamento específico de desobsessão[3], por quanto tempo fosse necessário, para, somente depois, compreender o fenômeno e seguir, conscientemente, seu caminho, com os frutos colhidos ao longo do percurso.

---

[2] Wikipedia: "A apometria (apo- do gr. 'além de' e -metron 'medida') é um conjunto de práticas com objetivo de cura, normalização corporal e conscientização do envolvimento energético, no qual os seres humanos estão imersos. Também chamada pelos seus praticantes de prática terapêutica alternativa, de natureza espiritualista, e, segundo seus praticantes, consiste na projeção da consciência e na dissociação dos múltiplos corpos sutis mediante a uma sequência de pulsos ou comandos energéticos mentais". Disponível em: https://pt.wikipedia.org/wiki/Apometria.

[3] Desobsessão é ato de controle da obsessão. Segundo fonte espírita (Centro Espírita Consolação), "A Obsessão nada mais é do que uma ligação mental negativa entre dois seres. Pode ocorrer de desencarnado para encarnado, de encarnado para desencarnado, de encarnado para encarnado ou desencarnado para desencarnado. Ela nasce de uma ideia fixa que dois ou mais seres possam ter entre si e pode ser causada por algum hábito, vício ou desejo em comum.

Ex: Um espírito desencarnado que era alcoólatra e que não sabe que desencarnou, sente necessidade do efeito do álcool, aproxima-se de uma pessoa que tenha predisposição à bebida e a induz a beber mais, podendo assim atrapalhar os caminhos de sua vida. Pode ocorrer também entre familiares. Uma mãe que desencarna, por exemplo, trazendo consigo uma grande preocupação a respeito de seu filho, pode iniciar um processo de simbiose espiritual através dessa preocupação, sem ter ideia do que está fazendo. Desafetos de vidas passadas também podem evoluir para um processo de obsessão através de sentimento de vingança, rancor e antipatia. Algumas sensações que podem caracterizar a obsessão são, entre muitas outras: desânimo, depressão, pessimismo, irritação e atritos frequentes com familiares, companheiros de trabalho ou até mesmo amigos. É importante lembrar que nem sempre estes sintomas podem representar um quadro obsessivo".

Concomitantemente, foi revelada uma verdade que afetara o casal. Espiritualmente, Arrudinha e Elvira eram dotados de mediunidade na fase que exige conhecimento prático e dedicação em relação à caridade voltada a pessoas espiritualmente necessitadas.

Naquele dia, ao chegar em casa encontrou a companheira bem disposta, alegre e receptiva. Entendendo ser o momento oportuno para falar algo a respeito de tudo o que estava a acontecer de bom, com ajuda do plano espiritual, discorreu a respeito do que acontecera, evidentemente deixando de falar tudo, para não gerar desinteresse sobre o assunto.

Elvira ouviu atentamente e até mostrou vontade de comparecer a uma casa espírita para ser avaliada e, quiçá, receber algum tratamento. Na semana seguinte e já estando Arrudinha a participar de cursos na casa espírita, a companheira foi orientada para um tratamento espiritual específico. Surpreendeu-se com as considerações feitas pela orientadora que a recebeu e mostrou firme propósito de completar o tratamento e retornar para avaliação a respeito.

A frequência resumiu-se apenas em um dia e não mais retornou Elvira, embora não criticasse, de algum modo, a boa intenção tanto do companheiro quanto da orientadora. Já era um bom sinal, porém tudo ficou nessa única visita.

Arrudinha não suspendeu o endereçamento de cartas a Jesus e não deixou de frequentar a casa espírita, tampouco deixara de ler obras relacionadas com a doutrina espírita.

Nos idos de uma época natalina, enquanto jantava com a companheira e a filha, uma reportagem foi exibida na TV a respeito de um caso de solidariedade humana. A reportagem era bem apropriada porque a semana era de Natal e tratava de um acontecimento muito triste que envolvia um casal e uma filha, nascida prematuramente e sem qualquer esperança de vida.

A criança permaneceu internada na UTI durante três anos, local em que ora o pai, ora a mãe, ali permaneciam, enviando energia positiva para que a filha reagisse, a fim de poder viver em sua humilde casa junto aos pais. O desfecho da reportagem foi no sentido de que a criança superou as provas, os pais enfrentaram-nas com amor a Jesus e, conquanto a higidez plena da menina fora comprometida, ela vivia sob os cuidados e amor da família.

Elvira, ao ser lembrada de que a fé dos pais atuara intensamente nos procedimentos médicos ao ponto de, ao longo de anos, a criança ter

AJUDE A SI PRÓPRIO COM EXEMPLOS DA VIDA

alta médica e deixar o tratamento intensivo que recebia, obviamente com sequelas previstas, mas com vida, ela concordou plenamente.

Certo de que se abrira uma porta para tentar demonstrar à companheira o quão importante é a fé, o amor e a caridade, Arrudinha tentou uma investida de amor Cristão. Aproveitou a oportunidade para enaltecer a fé das pessoas, sem importância ao fato de ter a fé nascida por causa de se professar esta ou aquela religião. O que importavam era a fé e o perdão. Fé, sem perdão, alertou Arrudinha, não era fé, mas egoísmo ou, na pior das hipóteses, orgulho.

Insistiu na palavra fé, porque em sua família seu irmão passara por prova até mais contundente do que a mostrada na reportagem, e o irmão e a mulher, sua cunhada, souberam enfrentar a prova reencarnatória.

Ocorre que Elvira nutria sentimento de rejeição da cunhada e até com certa razão. Foi nesse ponto (rejeição) que Arrudinha deu ênfase ao perdão, sem o quê não se compreenderia o significado de solidariedade e da recomendação de amor ao próximo. Elvira concordou com a difícil situação do sobrinho, filho do irmão de Arrudinha, mas quanto à cunhada, não queria saber de caridade alguma.

Por mais que Arrudinha tentasse realçar que não há amor ao próximo sem aceitação da caridade, dúvida ficaria quanto ao entendimento da situação da sobrinha deficiente. Elvira discordava desse posicionamento e confirmou que a sobrinha era uma realidade, a cunhada outra; em seguida, mudou o comportamento acessível para outro, agressivo; pior, colocou-se como vítima e o companheiro como algoz, intransigente e dono da verdade.

Para Arrudinha ficou mais uma triste constatação, ou seja, o desequilíbrio de quem se afasta de Jesus, ou de qualquer religião que pregue caridade, amor, fé e esperança. Não basta dizer-se religioso – e seja lá qual for a religião, o importante é que haja um porto seguro, na consciência das pessoas, porto esse construído de acordo com os ensinamentos de Jesus e nada mais será necessário – repita-se, seja qual for a religião. Se houver, na religião, dedicação e fé quanto ao amor ao próximo, a caridade e a esperança de que Deus é o Pai Eterno, nada há que se temer.

Infelizmente, mais um episódio desventuroso, para Arrudinha: Elvira ficou séria e o convívio do jantar foi rompido. Sem ter mais o que falar, Arrudinha afastou-se com o pensamento em Deus. Elvira, agressivamente, foi para os afazeres do momento.

A recomendação feita na casa espírita acerca dos tropeços do casal não foi levada em conta por parte de Elvira. Mais um episódio vencido pelo seu obsessor que, sentindo-se livre, sem interferências caritativas, não reunia esclarecimento sobre sua conduta. Prejudicava, mesmo bem intencionado, sua irmã, que, presa no erraticismo do irmão, ficava impedida de progredir, de prestar ajuda aos necessitados e compreender que o perdão devia ser exercitado não somente em favor da cunhada, mas de toda a humanidade.

O lar continua um campo de batalha: Arrudinha e sua dedicação para trilhar o caminho das pedras, com esperança do porvir, e Elvira, sem dedicação, a ser conduzida, por seu obsessor, pelo caminho das sombras, sem qualquer expectativa de luz.

Nesse gládio permanente, merecem consideração, dois fatos importantes para a busca de Arrudinha e que se constituem em respostas, indiretas, do Mestre Jesus, portanto, atendimento das cartinhas. Em ambos os fatos, a cena fora de desequilíbrio total, de agressões, de destruição dos móveis e pertences da casa, gritos, palavras de baixo calão e a colocação de Arrudinha na posição de vilão.

Nesses dois momentos, Arrudinha conseguiu elevar o pensamento a Jesus, com fé e clamor, para que forças energéticas, vibrações do bem, fluídos de amor, de perdão, atuassem em favor do obsessor, o qual, se não estivesse disposto ou consciente de que seu caminho devia ser seguido melhor orientado, que pelo menos se abstivesse de sugar os fluidos vitais de Elvira.

Nessas duas oportunidades, após a invocação e a prece fervorosa, Elvira acalmara-se e parecia outra pessoa.

Esse fato é verdadeiro e permite que se formulem as seguintes indagações, porque a situação ainda não foi harmonizada.

Será que, um dia, esse obsessor deixará Elvira?

Será possível deixá-la sem sequelas de comportamento tanto em relação a ela quanto ao obsessor?

Não há como responder a essas indagações, pela razão simples de que Elvira não quer, porque não quer, prosseguir no tratamento desobsessivo, nos esclarecimentos necessários a respeito dos ensinamentos de Jesus e sequer pretende aprimorar sua mediunidade em benefício de tantas pessoas que necessitam de ajuda.

Este caso não é isolado, é verdadeiro e encontra similares mais do que se imagina. No entanto considere-se que cada momento de sofrimento da humanidade é uma montanha pesada e, aparentemente, irremovível. Cada pessoa tem sua montanha e há possibilidade de remoção, contudo, para que isso ocorra e se possa enxergar o outro lado, ofuscado pelo véu do egoísmo e do orgulho, os ingredientes são: disciplina, fé, caridade e amor a Deus e ao próximo, como se deseja para si. São procedimentos que removem qualquer montanha, nesta ou em outras vidas.

De outra maneira e por ser impossível compreender a vida humana sem existência de alma, ou seja, de algo que não é o organismo físico, há que se concluir que a alma, ou o espírito, por sua individualidade, terá muitas oportunidades de cultivar o progresso natural da ordem cósmica. Essas oportunidades significam a misericórdia Divina, que está presente na oportunidade de reencarnar-se para continuidade do progresso, interrompido, às vezes, na simbiose com o corpo.

Um novo corpo equivale à continuidade da vida, sem consciência da anterior, para novas provas, novas avaliações e mais proximidade de conhecimento da verdade.

Dizer-se ateu é afirmar Deus, porque crer ou não crer é próprio do ser humano em relação a algo que existe. O inexistente não gera afirmação ou negação de crença, logo se se afirma ou se nega o existente (e o ateu menciona Deus, para negar o que mencionou), esse ato pessoal nada tem a ver com a verdade real. Negar o existente é desenvolver raciocínio contraditório, inconsistente e fruto de ignorância da lógica elementar. Se alguém desconhece o elementar, como pode pretender negar o absoluto?

A escolha natural do caminho a ser seguido é de cada um, ao longo da vida humana e de maneira voluntária, sem temor e sem necessidade de justificar o desejo. Entretanto há vigência de um princípio absoluto: toda causa (escolha) produz um efeito (consequência). Ocasionado o fato, este se torna irremovível e não poderá ser alterado, de sorte que ou se aceita a consequência, com responsabilidade, ou não se aceita. Nesta hipótese, de não aceitação, não há outro culpado pelo que está a acontecer senão a própria pessoa que deu causa ao acontecimento. Consequência desfavorável à vontade ou aos desejos da pessoa humana, não é castigo de Deus, tampouco haverá o encaminhamento ao inferno como pena. O inferno é a própria consequência nefasta, decorrente de ato voluntário, querido e assentido pelo ser humano na esfera de sua ignorância, ou má vontade em buscar o caminho correto para a Verdade.

Por todas essas considerações é que se invoca a Divindade do Mestre revelada no ensinamento da fé, isto é, a fé remove montanhas. Não, evidentemente, montanhas geográficas, mas a montanha própria de cada um que sofre e não busca a Verdade.

13

A MATEMÁTICA – ATRIBUTO DE DEUS

> O ser finito que buscar o ser infinito sempre estará a uma distância infinita do ser infinito. Por isso Deus sempre estará infinitamente distante do ser finito que o encontrar.

Na ciência do direito, cujo objeto é o bem comum, no relacionamento social dos seres humanos, doutrinariamente se dá o nome de código à reunião sistematizada de um conjunto de princípios, de regras, para observância, estudo e aplicação em casos concretos, na busca de equilíbrio existencial. Na prática, utilizam-se os títulos Código Civil, Código Penal e outros.

O Direito, contudo, criação humana. Não se deve confundir "criação" com "creação". Creação é manifestação da essência em forma de existência.

Em Deus está a "creação", dado o estado Divino do ser onipresente e eterno; na natureza humana está a "criação", nos limites da finitude, em que nada é "creado", tudo se transforma.

Assim, o Direito é ciência da natureza humana relativa, finita e de transição, visto que as leis navegam ao sabor do vento emocional dos povos.

Na ciência espírita, cujo objeto de estudo são os fenômenos comunicativos entre desencarnados e encarnados, consagraram-se as pesquisas e estudos de Allan Kardec, escritas e editadas em cinco volumes, um para cada situação fenomênica. Foram editados, na segunda metade do século XIX, os seguintes livros que integram a codificação e, por conseguinte, são obras fundamentais.

A bem da verdade, Allan Kardec era pseudônimo adotado entre 1857 e 1868, por famoso e culto pedagogo francês, Hippolyte León Denizard Rivail, por dificuldade de aceitação do trabalho que desenvolvera dentre os intelectuais da época.

Estes são os livros mencionados:

1857 - O Livro dos Espíritos – (contém os princípios da Doutrina Espírita).

1861 - O Livro dos Médiuns (tem por objetivo descrever o que caracterizava "nova ordem de fenômenos", até então jamais considerada pelo conhecimento científico: os fenômenos mediúnicos, originários de manifestações do plano espiritual).

1864 - O Evangelho segundo o Espiritismo (obra de conteúdo essencialmente moral, correlacionado aos ensinamentos de Jesus, ocultos nas parábolas).

1865 - O Céu e o Inferno (obra desenvolvida em duas partes: exame crítico da doutrina católica quanto ao exercício da fé não raciocinada e esclarecimentos prestados por diversos espíritos a respeito do post mortem).

1868 - A Gênese (conteúdo tripartido: a) formação dos mundos e criação dos seres animados e inanimados; b) dos milagres, em que se discute sobre o que pode ser considerado milagre, e se explica, à luz da doutrina espírita, os muitos milagres feitos por Jesus; c) explicação a respeito dos fenômenos das previsões de coisas futuras, dos pressentimentos e ocorrências correlatas.

Conforme se pode observar, a referência à codificação espírita põe em destaque a criatividade metódica humana para identificar, estudar, expor e sugerir aplicação lógica de certo fenômeno considerado objeto de investigação criteriosa.

No *Livro dos Espíritos*, já no início dos escritos, está o conceito de Deus: "Inteligência suprema, criador de todas as coisas". Síntese formidável da ilimitada extensão que o conceito encerra.

Embora, no plano espiritual, tenha-se adotado rigoroso critério científico para formulação do conceito de Deus, há que se considerar que a inteligência humana, ao contrário da que se pretendeu atribuir ao Ser Supremo, não é absoluta, mas relativa. Assim, ao ser transmitida a mensagem acerca da essência Deus, a mesma mensagem restringira-se aos limites do plano em que a evolução humana se encontra, muito aquém dos limites superiores, em especial na dimensão em que se encontram os mensageiros superiores. Mais não podia ser dito por meio de palavras humanas, para explicação de ente não humano, DEUS, visto que reina absoluta carência de palavras que se referem ao abstrato.

Matematicamente se diz que o finito que buscar o infinito, em sua finitude sempre estará distante do infinito. Cada passo é uma soma finita, mas, diante do infinito, por mais que se some sempre se estará distante do infinito.

O ser humano, na dimensão ecológica física, tornou-se objeto de estudo científico, ao longo do desenvolvimento e aprimoramento do conhecimento, através de segmentos específicos: astronomia, antropologia, sociologia, história, direito, medicina etc.

No curso do progresso intelectual, a humanidade melhor se fez compreender por meio de símbolos, dos quais surgiram nomenclaturas específicas. Assim aconteceu desde o ato inicial de comunicação gesticular, evoluindo para a criação de símbolos universais até chegar à construção de sistemas gramaticais regionais. Esse progresso sempre foi finito, individualizado, fruto das probabilidades existentes no grande vazio que a física quântica aponta como sendo probabilidades eternas, de autorrealização do que é realizável sem que, antes, tivesse sido realizado. Trata-se de "creação" e não de "criação".

Conforme o formato até aqui descrito, diz-se que a convivência humana, no que diz respeito ao inter-relacionamento mediante comunicação escrita ou oral, está limitada no tempo e no espaço por ação das denominadas gramáticas.

Épocas se sucedem e as palavras (escritas ou faladas), etimologicamente, perdem a origem e adaptam-se a novos fatos; alteram-se sentidos de umas e, outras, desaparecem e caem no esquecimento.

O significado que se imprime ao significante é restrito ao plano limitado do conhecimento e desenvolvimento do ser humano, o qual também é limitado e preso às convenções de tempo e de espaço. Aliás, tempo e espaço são convenções relativas, "criadas" para se pensar algo restrito, sem aplicação cósmica.

É com esse instrumental de comunicação e de relacionamento imperfeito que certas pessoas se aventuram no questionamento do conceito Deus, com a pretensão de receber carga energética sem possuir resistência para o potencial desejado.

Eventual questionamento, no mínimo, é ato ignorante, dado que se despreza a relativa capacidade de compreensão a respeito de algo absoluto. Ora, o relativo não é absoluto; por conseguinte, relativo significa parcial existência e, ao mesmo tempo, parcial inexistência, quanto às qualidades do absoluto. Não perceber essa verdade inquestionável, esse axioma, é perder terreno para compreensão do absoluto, de pretender questionar o conceito Deus, isto é, Inteligência Suprema. Não perceber que o mar está na onda e a onda está no mar, contudo, o mar é maior do que a onda, é, no mínimo, provar contra si próprio e denotar ignorância; quem assim procede sequer conhece a si próprio, trata-se de um cego pretender dirigir outro cego.

Se conceituar é forma de reunir os elementos fundamentais do ser cujo conhecimento se busca, o conceito relativo não reúne todos os elementos. Se conceituar é a operação intelectual para se entender a estrutura ou o sistema operante, em que a razoabilidade do ato humano, limitado, tentar alcançar o ser ABSOLUTO, não limitado, eterno, onisciente e onipresente, isto é, alcançar, com palavras limitadas, uma qualidade ilimitada, atribuída ao Deus supremo?

Por causa da dificuldade que se observa no desejo de se conceituar Deus, mediante conhecimento e utilização da comunicação verbal, Deus fica sem conceituação verdadeira, porque é inconceituável. As palavras faladas ou escritas nem sempre se relacionam à essência, porque são dependentes do grau de evolução espiritual do ser humano (encarnado). Este, conforme o estágio espiritual em que se encontra, pode estar preso às vontades pessoais, ao ego existencial; o oposto do ego existência (vida física) é o EU ESPIRITUAL, isto é, a essência espiritual, absoluta e imortal.

Imbuído da vontade de ser dono da verdade, o ser humano não tem olhos para ver o que Deus reservou para melhor alcance de sua essência; sim, porque sendo Deus eterno amor e bondade, legou aos olhos de quem deseja ver, o caminho a ser trilhado para compreensão do mesmo amor e bondade. Deus está em todos, todos estão em Deus, contudo, Deus é maior, é eterno, para todo o sempre.

Em primeiro lugar, o ser humano é ente natural, fruto de uma Ordem Natural cósmica, ou seja, cada coisa naturalmente em seu devido lugar, sem o quê não se está diante de ordem. A humanidade terrestre, é verdade, está presa aos limites da relativa perfeição própria do lugar em que se encontra, porém, perfeição relativa se considerados lugares onde não se reúnem qualidades suficientes para compreensão do todo eterno.

Mas, como se dizia, Deus, misericordiosamente, aprovisionou a inteligência humana com capacidade para criar, falar e entender uma linguagem universal, verdadeira, de natureza cósmica, potencialmente apta a ser convencionada para compreensão por parte do ser humano relativo. Compreensão, entre todas as pessoas do planeta Terra, independentemente de cada um falar idioma próprio. Essa forma de comunicação, de compreensão e de se formularem axiomas é a mais pura dádiva de Deus quanto às suas qualidades: é a MATEMÁTICA.

Toda a humanidade "fala" a matemática com os lábios fechados, fala com a mente em ação de raciocínio. A matemática é surpreendente muito mais do que possa parecer, uma vez que é a voz mental de Deus. É a voz que nos orienta para o que é correto e nos mostra onde está o erro. É a voz que nos conduz ao caminho da evolução não por meio de fé cega, mas pela fé raciocinada. É a voz que nos demonstra o equilíbrio, a proporção, o volume, a relação, o atrito, a atração dos corpos, a gravidade, o efeito da força e a formação do universo. No entanto, preocupados com a estrutura escolar da matemática, não se enxerga, através desse atributo Divino, a Inteligência Suprema. Não se percebe o que é ordem cósmica, universal, quântica e infinita.

Nem se atreva, por causa das colocações ora feitas, pretender reduzir Deus à matemática prática e ensinada nas escolas alfabetizantes. É evidente que a matemática é um atributo de Deus, para compreensão de verdades universais que estão além das egoístas vontades humanas, as quais, em regra, são insubsistentes.

O que se pretende demonstrar é a existência de axiomas que, quanto à ideia de começo, de fim, de limites, de espaço e de tempo, são verdades decorrentes de princípios de natureza cósmica e que se revelam na condição de atributos. A sequência de números matemáticos na sucessão somatória (1+2+3...) ou na sucessão reversa de diminuição (-1-2-3...), não tem começo e não tem fim; seguem para o infinito adiante ou infinito reverso. O símbolo da ideia infinito (∞) foi proposto pelo matemático inglês John Wallis, em 1655, em seu tratado "Des Sectionibus Conicis". Trata-se de matemático britânico cujos trabalhos sobre o cálculo foram precursores aos de Isaac Newton.

O símbolo ou algarismo zero, que inicialmente representou o vazio, evoluiu para evidenciar que vazio não existe. O vazio não é "creador", no entanto, o vazio pode aumentar valor se colocado à direita e um número positivo (1+0 = 10). Chegou-se a considerar esse axioma uma das maiores revelações da humanidade, e com o verdadeiro conceito do algarismo zero abriu-se a porteira para criação de todas as operações matemáticas conhecidas na atualidade.

Anote-se, por oportuno, o seguinte: se o zero for colocado adiante de um número natural, a expressão revelará não o número natural, 1, por exemplo, mas 10, por conseguinte, apesar de o zero não ter um valor determinado, no caso concreto possui a força de proporcionar aumento de valor do número.[4]

---

[4] Consta da Enciclopedida Wikipedia o seguinte: "Refere-se que a origem do zero somente ocorreu em três povos: babilônios, hindus e maias. Na Europa, a definição do símbolo zero ocorreu durante a Idade Média, após

O ser humano, matematicamente, intuiu a verdade da sequência numérica ilimitada. Isto posto, verdadeira é a afirmação de que existe o ilimitado e, por via de consequência, algo que não tem começo e não terá fim, porque é eterno, sempre existiu. Então, por que não será verdadeira a ideia de que Deus existe, sempre existiu, portanto, é Eterno, Ilimitado, que não teve começo e não terá fim?

Finalmente, por essa natureza de ponto de equilíbrio, na Ordem Universal, Deus é Justo e Perfeito, não pune, não castiga, não produz o mal e não orienta para o erro, como se fosse um agente, fora do contexto. Com absoluta certeza, se erro existe, se mal existe, se sofrimento existe, se incompreensão existe, se ódio existe, todas essas circunstâncias não procedem de Deus, vêm de quem, na condição de elemento de desajuste e imperfeição, provoca essas situações – são os "criadores" e não o "Creador". Trata-se do exercício do livre-arbítrio; trata-se da oportunidade de crescimento moral; trata-se de axioma segundo o qual o espírito imperfeito, mas imortal, aperfeiçoa-se no invólucro humano, este sim mortal, disponível para alojar o perispírito.

Repita-se, com ênfase, que não se está a transformar Deus em número. O que se pretende é a aplicação de princípios axiomáticos, universais, dos

---

a aceitação dos algarismos arábicos, que foram divulgados no continente europeu por Leonardo Fibonacci. Esta descoberta representou na época um paradoxo, pois era difícil imaginar a quantificação e a representação do nada, do inexistente. Alguns consideram o zero como sendo uma das maiores invenções da humanidade, pois abriu espaço para a criação de todas as operações matemáticas que são conhecidas atualmente.

A representação gráfica do zero demorou cerca de 400 anos para ser incorporada ao sistema decimal indo-arábico de numeração. Definir graficamente um símbolo para o zero foi de extrema importância a fim de se poder posicionar precisamente os dígitos que formam qualquer número desejado, tanto em um sistema numérico decimal, quanto no uso do ábaco, que representava o zero como sendo uma casa vazia. Originalmente o zero, representado como uma casa vazia, foi o maior avanço no sistema de numeração decimal. Portanto, o zero evoluiu de um vácuo para uma casa vazia ou a um espaço em branco para enfim transformar-se em um símbolo numérico usado pelos hindus e pelos árabes antigos. No início dos anos de 1600, ocorreu uma importante modificação no formato da grafia do décimo número ou do zero, que inicialmente era pequeno e circular "o" evoluindo para o atual formato oval "0" o que possibilitou sua distinção da letra "o" minúscula ou da "O" maiúscula.

Na literatura matemática atual, o significado do valor do zero é usado como se não houvesse nenhum valor numérico ou substancial propriamente dito e também desempenha papel chave da notação necessária ao sistema decimal, em que o zero muitas vezes surge como um guardador de lugar (para diferenciar, por exemplo, números como 52 de 502, de 5002, etc.), e para expressar todos os números com nove dígitos, do um ao nove e o zero como o décimo numeral.

Mas é importante frisar que, nos conjuntos numéricos, os números foram surgindo com a necessidade, através das operações com seus elementos. Exemplo: ao operar 2 - 3, chegou-se ao número negativo -1. Como só se conheciam os números N*, houve a necessidade de se criar um novo conjunto, os dos Z*. Assim, ao se operar 1 - 1, houve a necessidade de se representar o vazio e incluí-lo nos conjuntos. Assim os naturais e, como não dizer, todos os conjuntos numéricos estavam completos (já que um conjunto é completo quando ele é fechado para determinada operação)." Disponível em: https://pt.wikipedia.org/wiki/0_(n%C3%BAmero).

quais a matemática é um dos atributos, como o é a alma na condição de Centelha Divina.

Se matematicamente se compreende a ordem do cosmos, a qual não é compreendida por meio de meras palavras, o raciocínio matemático serve de caminho para sentir a força de Deus como Inteligência Suprema.

A aplicação raciocinada da matemática aproxima o ser humano do axioma Deus É. A fé raciocinada com o apoio de princípios matemáticos revela ao ser humano a supremacia da inteligência de Deus, de modo que não há como negá-lo, tanto quanto não há como se negar a Ordem Divina. Assim, Deus é inteligência suprema. Quanto à criação de todas as coisas, a certeza é mero corolário.

Em conclusão, não é a fé dogmática, imposta de fora para dentro, que revela Deus, mas a fé raciocinada (ação do Eu espiritual), auxiliada por princípios científicos de natureza cósmica, dentre os quais a matemática é um dos instrumentos.

Deus não existe (no plano da existência externa; Deus está nesse plano), Deus É, na plenitude essencial, corolário de um axioma revelado de imortalidade, ausência de limites, progresso perene e, consequentemente, Inteligência Suprema, sem a qual a Ordem Divina estaria negada.

14

ORAR É ILUMINAR CAMINHOS OBSCUROS

Pensamento: *Orar não é recitar lindas e belas palavras intuídas por intuição elevada da espiritualidade. Orar é sentir a presença dos obstáculos e reunir forças superiores para, gradativamente, vencê-los, até a chegada do momento em que se pede a Deus todo poderoso, por intercessão dos mensageiros de Deus, que se obtenha força para superação da prova que é apresentada e que motivou a oração.*

Se a oração é o remédio para a cura da ignorância moral do perispírito, em exercício no corpo humano, adotado para o necessário progresso moral, quanto se deve orar?

Não se trata de quantidade oratória, mas de qualidade. Qualificado está quem conseguir amealhar critérios corretos de avalição e de interpretação dos fatos que direcionaram os sentimentos à oração.

A oração, em si considerada, é o Divino instrumento da esperança. Aquele que decide orar, porque todos os meios materiais foram utilizados sem resultado, em determinado momento de aflição, deu um grande passo, porém não mais que o primeiro passo.

Dar o primeiro passo, por seu turno, não significa que se chegou ao fim do caminho, que se alcançou o resultado, que demanda longa trajetória repleta de percalços.

Quando se sabe que há tarefas difíceis de serem cumpridas, sabe-se porque se tem noção de que, em cada estágio do trabalho, algo novo exige decisão nova.

Assim sendo, quem se põe a orar deve aceitar a realidade encerrada no primeiro passo e pedir, fervorosamente, com toda a fé, a necessária luz da paciência, da resignação e força para enfrentar as dificuldades que abusam da ignorância espiritual de quem está a orar sem saber como manejar adequadamente esse instrumento Divino, sem saber da existência de atração benfazeja, motivadas por vibrações oratórias, sem saber que há aproximação a planos superiores, os quais não se prestam a futilidades.

Anote-se que sublime é a oração por amor ao próximo; o amor ao próximo, no entanto, apregoado às vezes como forma condicionante de troca, enseja cuidado. Por exemplo, se se deseja amor ao próximo porque queremos ser amados da mesma maneira, a bem da verdade, se está a condicionar o amor, ou seja, o importante é que se seja amado e, em contrapartida, far-se-á a retribuição.

Onde está a sublimação do amor se este está condicionado à reciprocidade? Por que não afastar a reciprocidade e conduzir a mente no seguinte sentido? "Amor ao próximo como amor a si próprio", ou seja, amor porque o amor é Divino e se o estendo ao próximo é porque considero ser filho de Deus tal qual o é o próximo, meu irmão.

Os pressupostos ora considerados em muito auxiliarão o ato de orar. Dar o segundo, o terceiro e todos os demais passos que conduzem ao pedido final que se aspira será possível se houver consciência desses pressupostos.

Em conclusão, orar não é recitar lindas e belas palavras intuídas por intuição elevada da espiritualidade. Orar é sentir a presença dos obstáculos e reunir forças superiores para, gradativamente, vencê-los até a chegada do momento em que se pede a Deus todo poderoso, por intercessão dos mensageiros de Deus, que se obtenha força para superação da prova que é apresentada e que motivou a oração.